青少年运动技能等级标准与测试方法丛书

STSSL .CN
STANDARD TEST OF SPORT SKILL LEVEL

CSEA
CHINA SPORTS
EDUCATION ALLIANCE

青少年高尔夫球
运动技能等级标准与测试方法
教学指导用书

全国青少年运动技能等级标准研制组　组编

科学出版社
北京

内 容 简 介

本书为《青少年高尔夫球运动技能等级标准与测试方法》的教学指导用书,首先对高尔夫球运动及其基础原理进行简单介绍,然后针对全挥杆、短杆、铁杆、木杆、推杆、沙坑球及处理特殊球位的动作技术关键、易犯错误、教学步骤及学练方法进行介绍,并辅以图片说明,最后对实战技术进行介绍。

本书可供国家及各级教育主管部门、体育主管部门的工作人员,各级体育协会、体育院校及中小学校的体育教师、教练、体育指导员等参考、使用。

图书在版编目(CIP)数据

青少年高尔夫球运动技能等级标准与测试方法教学指导用书 / 全国青少年运动技能等级标准研制组组编. —北京:科学出版社,2023.11
(青少年运动技能等级标准与测试方法丛书)
ISBN 978-7-03-076767-7

Ⅰ.①青… Ⅱ.①全… Ⅲ.①高尔夫球运动—称号等级(体育)—标准②高尔夫球运动—称号等级(体育)—测试方法 Ⅳ.①G849.3

中国国家版本馆 CIP 数据核字(2023)第 201789 号

责任编辑:张佳仪/责任校对:谭宏宇
责任印制:黄晓鸣/封面设计:殷 靓

科 学 出 版 社 出版
北京东黄城根北街 16 号
邮政编码:100717
http://www.sciencep.com
南京文脉图文设计制作有限公司排版
苏州市越洋印刷有限公司印刷
科学出版社发行 各地新华书店经销

*

2023 年 11 月第 一 版 开本:B5(720×1000)
2023 年 11 月第一次印刷 印张:8 1/4
字数:152 000
定价:**70.00 元**
(如有印装质量问题,我社负责调换)

"青少年运动技能等级标准与测试方法丛书"
专家指导委员会

▲

第二版丛书序

▲

    2018年4月,我国第一套涵盖11个运动项目的"青少年运动技能等级标准与测试方法"(以下简称"标准")面向社会公开发布。同期,"标准"丛书由科学出版社正式出版。"标准"问世以来,得到了教育部、国家体育总局、上海市教委,以及相关运动项目协会、体育行业职业教学指导委员会的高度肯定和大力支持,对推动青少年体育的发展起到了积极的作用。

    截至目前,全国已有16个省(自治区、直辖市)的9 000余名体育工作者接受了"标准"考评员培训,已有27个省(自治区、直辖市)的300余家社会机构组织开展了"青少年运动技能等级标准"测评,参加社会化测试的青少年近万人,有力推动社会力量对青少年体育发展做出贡献。上海市中小学校自2018年将"标准"作为推进学校体育工作的重要抓手,全面开展针对青少年学生的运动技能等级测试以来,到2019年底共测试中小学生超过10万人,测试结果为深入了解青少年学生运动技能掌握的实情、发现体育教学中存在的问题提供了有力参考。同时,针对体操、高尔夫球、羽毛球等项目,创新性地开展了比赛与测试相结合的标准等级赛,极大地激发了青少年参与比赛的热情,丰富了比赛的内涵,提升了青少年参与比赛的获得感,产生了良好的社会效益。

    2018年12月,"标准"丛书获得了第27届上海市中小学、幼儿园优秀图书评选活动二等奖。2019年4月,"标准"丛书被列入上海市中小学、幼儿园图书馆(室)图书配置推荐目录。"标准"部分内容也在2019年被上海市初中教材《体育与健身》采纳,正式作为上海市初中生的体育课程学习内容。

    "标准"在国内得到多方认可的同时,也受到了国际同行的关注。2019年4月出版的《青少年软式曲棍球运动技能等级标准与测试方法(中英文版)》得到了国际软式曲棍球联合会和亚洲大洋洲软式曲棍球联合会的认证,成为该项目的国际标准。这为"标准"在世界范围内的传播开了先河,彰显了我国青少年体育发展成果的国际影响力。

    首批11个运动项目的"标准"出版后,引起了广大体育同行对青少年体育技能发展问题的关注,并积极投入到新"标准"的研制工作中。到目前为止,上海体育学院、成都体育学院、沈阳体育学院、哈尔滨体育学院、南京体育学院、宁波大学、上海理工大学、东华大学等单位积极支持科研人员参与到新"标准"的研制中,先后正式出版了软式曲棍球、健美操、体育舞蹈、艺术体操、空竹、跳绳6个项目的"标准"用书。此外,攀岩、轮滑等10余个新兴和时尚运动项目也已被纳入了研制和出版计划。

在首批"标准"的推广应用过程中,部分专家学者及广大使用者对进一步完善"标准"提出了非常宝贵的意见。研制组在对这些意见进行认真梳理和广泛讨论的基础上,决定开展对首批"标准"的完善和升级工作。经过近1年的努力,率先完成了足球、篮球、排球、羽毛球和高尔夫球5个项目的"标准"(第二版)工作。"标准"(第二版)主要有以下一些变化。

一是标齐等级难度。各项目研制组在基于前期测试的基础上,结合专家意见,尽可能标齐了不同项目同一等级的难度,增强了"标准"等级之间的可比性。

二是采用百分制。每一等级测试均采用百分制,提高了"标准"同一等级内的区分度,为中小学校利用"标准"开展学生体育学业评价提供方便。

三是提升测试效率。对部分之前测试较烦琐、耗时较长的科目进行了改进,简化了测试流程,增强了测试简便性,提升了测试效率。

四是提高严谨性。对各项目标准中存在的错误进行修订,对部分测试指标进行调整,并对第一版中的文字、图片和视频进一步完善。

在"标准"投入应用后,广大中小学体育教师、社会体育俱乐部教练对于如何指导青少年学练"标准"各等级测试动作产生了强烈需求。为此,各项目研制组针对各级测试的动作技术关键、易犯错误、教学步骤及学练方法等内容开展了教学指导用书的编写工作,以期"标准"能更好地为青少年体育实践服务。此外,各项目"标准"研制组积极开展人工智能测试工具的研发,为实现全程自动化测试奠定了基础。

不忘初心,方有正确航向。千锤百炼,才能永葆生机。希望通过不断的修订,能够提升"标准"的质量,打造出精品,为青少年体育的发展提供不竭动力。当然,由于研制者学识、能力和水平有限,若"标准"丛书中存在疏漏和不足之处,恳请各项目专家学者和实践应用者提出宝贵意见,以供进一步完善。

陈佩杰　唐　炎

2020 年 4 月 15 日

第一版丛书序

▲

2017 年 11 月，国家体育总局、教育部、中央文明办、国家发改委、民政部、财政部和共青团中央 7 部门联合制定出台了《青少年体育活动促进计划》，明确提出"研究建立青少年运动技能等级评定标准"，并要求"各级教育部门应将运动技能等级纳入学生综合素质评价体系"。运动技能水平是衡量个体体育综合能力的关键指标，让青少年掌握 1～2 项运动技能是国家对青少年体育教育的基本要求。然而，如何客观有效地评判青少年运动技能的掌握水平，我们还缺乏一套行之有效的标准。毋庸讳言，当前运动技能等级标准的缺失已经成为制约青少年体育改革发展的主要因素。这对学校体育与健康课程改革的效果检验和深入推进、青少年体育素养水平评价的实施及社会性青少年体育培训的规范开展都造成了影响。因此，制定一套能展现运动项目特征、反映运动技能进阶规律、科学性强且便于测试的"青少年运动技能等级标准"已迫在眉睫。

2016 年 3 月，上海体育学院组建了"标准"研制组并开展相关工作。经过广泛的专题调研和充分的分析讨论后，研制组确立了四等十二级制的"标准"体系构架，并以"标准"能反映运动项目的实际运用能力、能反映个体运动技能水平的变化、能促进青少年运动参与的积极性、能与竞技体育运动等级标准有效衔接为基本思路，依托中国乒乓球学院强大的科研力量，以乒乓球运动技能等级标准的研制为突破口，以点带面地推进研制工作。2017 年 4 月 12 日，研制组首先发布了《青少年乒乓球运动技能等级标准》（以下简称《乒乓球标准》）。《乒乓球标准》的发布得到了中国乒乓球协会与上海市教委相关领导、乒乓球界多位名宿与专家的高度肯定，国家体育总局官网、新华网、环球网等数十家媒体予以报道。在《乒乓球标准》成功发布的基础上，研制组进一步优化研制思路和路径。又历时 1 年，经过对 9 000 余名青少年进行测试和数十轮专家研讨，研制组先后完成了足球、篮球、排球、羽毛球、网球、高尔夫球、田径、体操、游泳、武术 10 个运动项目的"标准"研制工作。上海市学生体育协会对"标准"高度认可，并采纳其全部内容用于促进青少年学生体育活动的开展工作。同时，"标准"已作为行业主体在上海市质量技术监督局申请为"团体标准"。"标准"的正式出台对于推动青少年体育发展可以起到以下几方面的作用。第一，"标准"的体系构架能够实现普通青少年与精英运动员的运动技能水平评定的衔接，能够为体育管理部门掌握青少年运动技能等级分布情况、规划运动项目发展方向提供支撑。第二,"标准"的指标设计充分考虑到运动项目参与主体的获得感,青少年在每一阶段的进步均能通过等级的进阶得到证明,从而更好地激发和维持青少年积极参与运动的热情。第三,"标准"在对个体参与测试的资格上添加了运动经历的要素,要求被测试者从进入"提高级"的测试开始,必须要具备相应的运动经历才能参与测试。这样的设置突出了"标准"作为评价工具的发展功能,能够避免青少年将技能等级提升与运动实践相割裂的弊端,从而更好地带动青少年积极运动。第四,"标准"指标体系的科学性及测试方法的便捷性能够为学校开展体育技能教学、评定学生体育技能水平提供技术支撑,能够为教育部门开展学生体育素养测评提供科学便捷的工具,更好地实践体育与健康课程的育人价值。第五,"标准"能够为各种青少年体育培训机构的培训质量提供明确的评价依据。当前,青少年体育培训机构虽然蓬勃发展,但也良莠不齐。评价培训质量的指标较多,而青少年运动技能水平的提升程度无疑才是评价培训质量优劣的重要参考。

从提出研制思路到最终成稿,上海市教委都给予了极大的支持与帮助。同时,上海体育学院国家社会科学基金重大项目"中国儿童青少年体育健身大数据平台建设研究"研究团队从项目设计开始,就将"标准"的研制作为主要的研究任务之一,并形成了专门的研究小组进行技术攻关。此外,各运动项目领域的诸多专家及协会、众多中小学学校及社会性体育培训机构也在本"标准"的研制过程中提供了大量帮助。在此,向所有为"标准"的研制工作贡献力量的人员表示衷心的感谢!

受学识的限制,若"标准"存在不完善的地方,恳请广大专家学者以及应用"标准"的相关机构、组织及个人不吝赐教,多提宝贵意见,为"标准"的进一步完善提供真知灼见!

陈佩杰　唐　炎

2018 年 3 月 12 日

目　录

第一章　高尔夫球运动概述

一、高尔夫球运动的起源与发展

高尔夫球运动起源于 15 世纪左右的苏格兰。苏格兰地处大不列颠岛北部，三面临海，海滨滩涂盐碱地和丘陵是当地地理特色。这些地方又栖息着很多野兔，当地人习惯把被兔子啃过而变平坦的地方称为 green，而连接两个 green 之间的、由羊群踩出来的地方叫作 fairway。green 演变成现在高尔夫球运动中的果岭，fairway 演变为高尔夫球运动中的球道。苏格兰的丘陵草原有自然形成的高尔夫球场所需的障碍物——海风吹成的沙洼，美丽的草场和灌木茂盛的小丘形成了天然的高尔夫球场，大自然就是球场的"设计师"。

1744 年，苏格兰诞生了世界上第一家高尔夫球俱乐部——绅士高尔夫球社，也就是现在的爱丁堡高尔夫球俱乐部，高尔夫球运动最初的规则是由爱丁堡高尔夫球俱乐部制定的。1755 年，在圣安德鲁斯正式组织了皇家古代高尔夫球俱乐部（图 1-1），该俱乐部由 22 个贵族和绅士建立，他们还制定了 13 条基本的高尔夫球运动的规则，这些规则沿用至今。1860 年，世界首个高尔夫球赛事——英国高尔夫球公开赛举行。

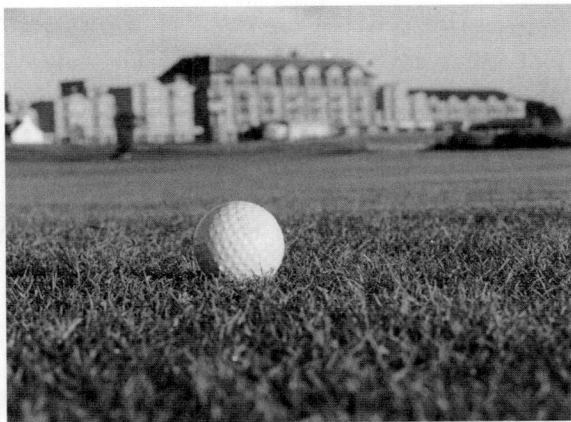

图 1-1　圣安德鲁斯皇家古代高尔夫球俱乐部

18 世纪高尔夫球运动传入美国，出现了兴建高尔夫球场的繁荣时代，高尔夫球运动在世界范围内得到了推广。19 世纪末，美国高尔夫球运动先驱西奥多·哈弗梅耶在罗得岛州的新港建立了高尔夫球俱乐部——新港俱乐部，带动了美国高尔夫球运动的崛起。1894 年，哈弗梅耶被选为美国高尔夫球协会（United States Golf Association，USGA）第一任主席，他创办的 USGA 第一届全国锦标赛在新港俱乐部举行，随后 1895 年举办的锦标赛，首次邀请职业球员参赛。若干年后该比赛最终演变成为现在的美国高尔夫球公开赛，除了两次世界大战期间中断过几次外，美国高尔夫球公开赛一直延续到今天。随着赛事运作的逐渐成熟，出现了后来的四大满贯赛事，即美国名人赛、美国公开赛、PGA 锦标赛、英国高尔夫球公开赛。

进入 21 世纪，高尔夫球运动迎来了新的纪元，高尔夫球具的革新、比赛规则与制度的建立、国际性赛事的开展以及高尔夫球场管理水平的提高，都极大地促进了高尔夫球运动的发展，也为这项古老的运动注入了新鲜的血液和活力。高尔夫球运动是全球最流行的球类运动之一，已成为体育产业的重要支柱，老虎·伍兹等高水平运动员的出现使比赛可看性大大提高，把高尔夫球运动带入了一个新的时代，让更多的年轻人痴迷于这项运动。

高尔夫球曾经被列为 1900 年巴黎奥运会和 1904 年圣路易斯奥运会的比赛项目，而且有女性选手参加。美国选手玛格丽特·阿芭特以优异的 47分成绩获得金牌，成为美国第一位女子高尔夫球运动奥运金牌获得者。此后，由于受场地和参赛运动员水准限制，高尔夫球运动暂时告别了奥运会。经过国际奥委会和国际高尔夫联合会等机构的多方努力，在 2016 年巴西里约热内卢举办的第 31 届夏季奥运会中，高尔夫球运动重返奥运会，并设立了男、女个人 2 项奖牌。在这届奥运会中，我国运动员冯珊珊获得女子铜牌，开创了我国高尔夫球运动的历史，推动了中国高尔夫球运动的发展。

1896 年，我国最早的高尔夫球俱乐部在上海成立，这标志着这项已有几百年历史的运动进入了中国，此后在北京及沿海地区陆续兴建了多个高尔夫球场。1985 年 5 月中国高尔夫球协会在北京成立，标志着我国高尔夫球运动的正式开展。高尔夫球运动在我国起步晚但发展较快，经过将近 40 年发展，高尔夫球产业市场经历治理整顿后，我国高尔夫球运动市场已基本完善，高尔夫球场数量500 余家，参与高尔夫球运动的人口稳步提升，青少年到职业运动员的培养体系逐渐形成，涌现出了梁文冲、冯珊珊、李昊桐等优秀高尔夫球运动员。

二、高尔夫球运动技能理论基础

（一）高尔夫球运动项群特征

从运动项群理论来分析高尔夫球的运动技术特征，具有以下几个方面。

技能主导型运动：高尔夫球运动是技能主导型运动，相对体能主导型运动而言，高尔夫球运动更加注重通过运动技术的发挥提升运动成绩。

竞准型运动：高尔夫球运动是在不同风格的高尔夫球场中，以果岭球洞为最终目标、以准确度为技能要点的竞准型运动，球员击球需要具有准确的距离和方向，才能以较少的杆数到达目标。

持械性运动：高尔夫球运动是一项典型的器械运动，并且因为竞技中所使用的球杆数量较多，对器械的制作要求较高，其技能要领较为复杂。

无对抗运动：高尔夫球运动的竞技方式是一种通过个人竞技能力的发挥获得一定的杆数，而杆数少者获胜，在一场比赛中虽然是以小组的形式参加比赛，但是同组球员并没有接触性对抗或隔网性对抗。

计分式运动：高尔夫球运动比赛的成绩是以杆数体现的，高尔夫球运动的计分方法是将一个 18 洞标准球场的完成杆数相加，一场高尔夫球比赛的最终成绩是在一个 18 洞标准球场完成的若干轮比赛的杆数之和。

（二）高尔夫球运动训练理论

高尔夫球运动作为一项体育运动，其训练方法与传统体育运动训练并没有区别。根据运动训练理论，可以从体能、技术、战术、心理、智能等方面安排高尔夫球运动的训练方法。

体能训练：体能对高尔夫球运动技术的提升具有最直接和显著效果，有效的体能训练越来越受到运动员重视。体能训练包括身体形态、身体机能、身体素质方面的训练，其中身体素质包括力量、速度、耐力、柔韧、灵敏等方面。高尔夫球运动技术中强调一定的爆发力，但更加强调的是核心稳定性和发力协调性训练。职业运动员会在更多方面进行体能训练，如专注力和比赛适应力等方面。

技术训练：高尔夫球运动是技能主导型运动，其制胜因素中最突出的体现在技术水平的发挥。高尔夫球运动的技术主要体现在基本挥杆技术、不同球杆挥杆技术、挥杆控制技术、困难球位挥杆技术、短杆技术等。

战术训练：高尔夫球运动的特征之一就是球员在不同环境的球场上竞技，不同的高尔夫球场具有不同的情况，即使是同一个球场，每个球洞也不同，击球后所处的位置也更是存在诸多变化。因此，需要球员具有良好的战术意识，对不同的环境和不同的位置进行适当的判断并做出合理的战术运用，是否具备这种战术能力是一名高尔夫球运动员优秀与否的重要体现。

心理训练：指运动员在竞赛过程中，对其心理过程（认识过程、情感过程、抑制过程）的个性心理特征施加影响，能够使运动员形成进行自我心理调节的能力，形成积极的且具备竞技适应性的心理能力和品质。高尔夫球运动心理训练分为一般心理训练和竞赛心理训练，一般心理训练侧重于改善运动员个性心理特征，竞赛心理训练则侧重于有针对性的心理训练过程，包括赛前、赛中、赛后的心理准备、控制与调整。

智能训练：运动智能是指运动员以智力为基础，运用体育运动理论在内的多学科知识参加运动和比赛的能力，是运动员整体竞技能力的重要组成部分。高尔夫球运动智能训练有一般智能训练和具体智能训练，一般智能训练包括运动员的观察能力、记忆能力、思维与想象力等训练；具体智能训练包括将体能、技术、战术、心理能力等综合运用于竞赛中的能力训练。运动智能的高低除受运动员先天运动能力影响外，后天专业知识的获取以及经验的积累是主要影响因素。

三、高尔夫球运动技能特征与体系

高尔夫球运动作为一种技能主导的竞准型运动，其技能的运用具有静态性、复杂性、精巧性和重复性特征。

静态性：主要是指高尔夫球技术动作并不是在动态的身体运动过程中完成的，球是静态的，因此运动员也是在相对静态中完成击球动作。

复杂性：一方面，是指高尔夫球运动需要运用大约 14 支球杆完成比赛，每支球杆的使用都有差别，技术环节具有复杂性；另一方面，高尔夫球运动过程中会有环境和所处位置的差异，在这种差异的状况下，技术的运用也具有一定的复杂性。

精巧性：指高尔夫球技术是在相对静态中完成的动作，每一个细微的动作变化都会影响击球效果，要求运动员能够灵活运用身体各个部位适当发力，达到精确击球的目的。

重复性：或者称一致性特征，是指高尔夫球运动技术运用中，在相对相同距离和球位条件下能够做出相对一致的或可重复的击球动作。

高尔夫球运动技能由专项技术和实战技术组成（表 1-1）。其中，专项技术可分为击球距离、击球稳定性、击球准确性和救球（脱困）能力等技术环节。实战技术则是通过比赛杆数来衡量，而比赛杆数可以通过开球上球道率、标准杆上果岭率、一切一推成功率、救球成功率、果岭推杆数等技术环节来分析。

表 1-1　高尔夫球运动技能体系

一级指标	二级指标	三级指标
A：专项技术	A1：击球距离	A1-1：一号木击球
	A2：击球稳定性	A2-1：定距击球
		A2-2：定点击球
	A3：击球准确性	A3-1：推杆击球
		A3-2：切击球
		A3-3：劈击球
	A4：救球（脱困）能力	A4-1：沙坑救球
		A4-2：困难球位击球

（续表）

一级指标	二级指标	三级指标
B：实战技术	B1：比赛杆数（排名）	B1-1：开球上球道率
		B1-2：标准杆上果岭率
		B1-3：一切一推成功率
		B1-4：救球成功率
		B1-5：果岭推杆数

高尔夫球运动技能等级标准重点考查高尔夫球运动的专项技术，主要包括以下几个方面。

击球距离：指运动员击球的最远距离，主要考查运动员 1 号木杆开球的最大距离。

击球稳定性：通过定距击球和定点击球考查运动员的击球稳定性，需要具有一致的击球距离的方向。

击球准确性：通过短杆和推杆技术动作来考查运动员的击球准确性，要求运动员具有更加精准的定点击球能力，以及推杆中具有击球入洞的能力。

救球能力：通过设置沙坑、长草、斜坡等困难球位，考查运动员击球脱困能力，要求运动员具有困难球位的特殊技术应用能力和技术灵活应用能力。

第二章　挥杆前动作技术

一、内容分析

(一) 动作方法

1. 握杆方式

握杆是指双手握住球杆的位置和方法，是高尔夫球运动技术中最基础、最重要的环节。握杆直接决定着身体与球杆杆面的空间关系，决定杆面能否保持方正且扎实地触球。以正手握杆为例，握杆左手在上、右手在下。左手应保持手背正对目标方向，握把斜着通过食指中部和后三根手指的指跟。大拇指向下按压握把，指甲盖的内侧缝对准球杆的正上方，拇指与食指形成虎口延长线，大致指向右耳或右耳与右侧肩峰之间的位置。右手掌心面向目标，握把斜着通过食指第三关节和小指的根部。食指、中指、无名指勾住握把，大拇指向下按压握把，指甲盖的内侧缝对准球杆的正上方。大拇指与食指紧密地包裹握把，有食指第三关节从球杆的右侧向目标方向施加压力的感觉。双手拇指与食指形成的虎口延长线保持平行。

常见的握杆方式有三种，双手抓握球杆的动作基本一致，主要区别于双手的连接方式。重叠式握杆是在职业球员中被广泛使用的握杆方式，握杆时右手的小指叠放在左手的食指上 (图 2-1)。该握杆方式适合手型大、手指细长、力量大、挥杆速度快的人群。

互锁式握杆在业余爱好者中最受欢迎，握杆时右手小指与左手食指扣在一起，其余动作不变 (图 2-2)。该握杆方式适合手型小、手指粗、力量不大、挥杆速度不快的人群。

棒球式握杆是球杆控制能力较差的儿童和老年人的主要握杆方式，握杆时双手既不交叉也不重叠 (图 2-3)。这种握杆方式的缺点是手部易于主动控制球杆，很难实现精准地控制杆头。

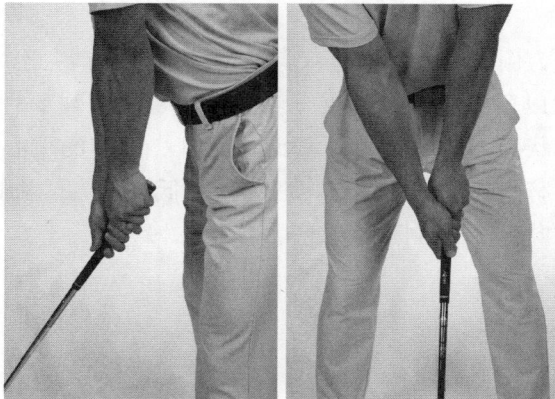

图 2-1　重叠式握杆

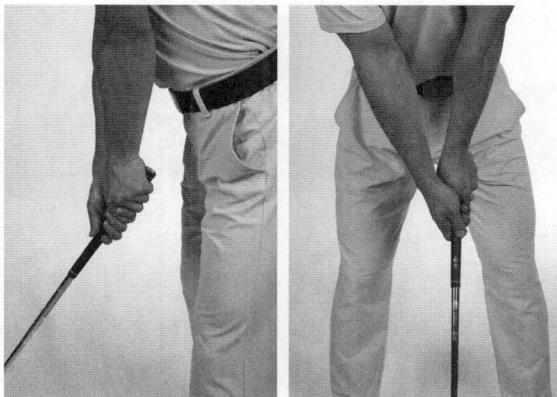

图 2-2　互锁式握杆

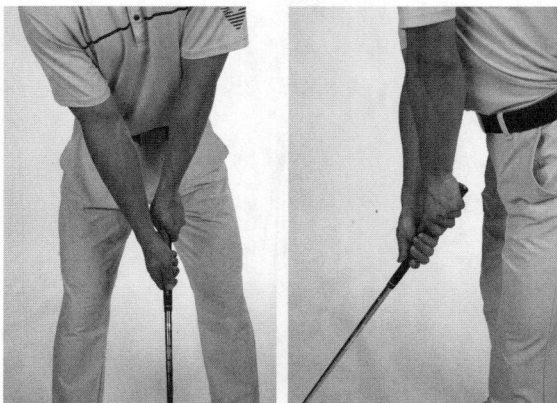

图 2-3　棒球式握杆

2. 站位

以 5 号铁杆为例：准备姿势应双脚平行站位，两脚尖连线与肩同宽，完成双脚平行站位以后左脚略微外展，双腿微微弯曲，臀部后翘，腰部挺直，背部呈自然放松状态，双手自然下垂握住球杆。身体的重心放在前脚掌上。从正面看去，肩膀倾斜呈侧屈状态，右肩稍微低于左肩。从侧面看去，肩膀的连线所指的方向应位于目标延长线稍左侧（图 2-4）。

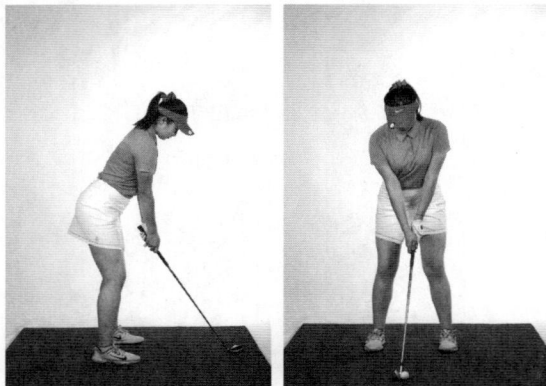

图 2-4　准备姿势

球位是指准备姿势完成后，球摆放的位置。不同球杆对应球在双脚间摆放的位置不同（图 2-5）。从 1 号木杆到 9 号铁杆，球位逐渐后移，站位应逐渐变窄，人球距离逐渐缩短。

图 2-5　不同球杆的球位

（二）技术关键

1. 握杆力度

握杆力度测试：采取正确的握杆姿势，请伙伴站在对面抓住球杆末端，试图将球杆从手中向外拉，如果发生滑动，说明握杆过松；请伙伴左右用力拨动球杆，如果从任何方向都无法拨动球杆，说明握杆过紧（图 2-6）。

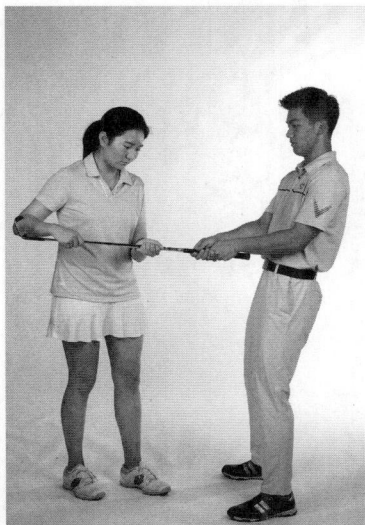

图 2-6 握杆力度测试

2. 站位

准备动作时，为了适应不同球杆长度的变化，身体姿态和球位应做出调整，为正确击球创造基本条件。图 2-7～图 2-9 分别为短铁杆站位、中铁杆站位和长铁杆站位。

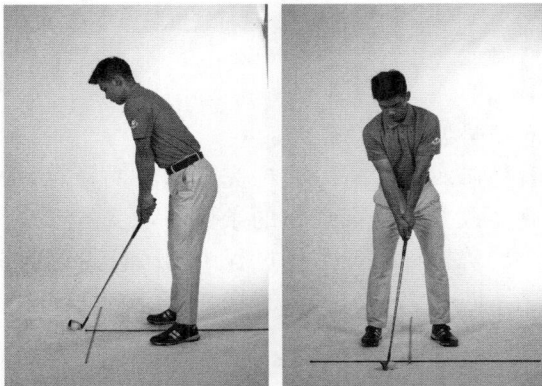

图 2-7 短铁杆站位

图 2-8 中铁杆站位

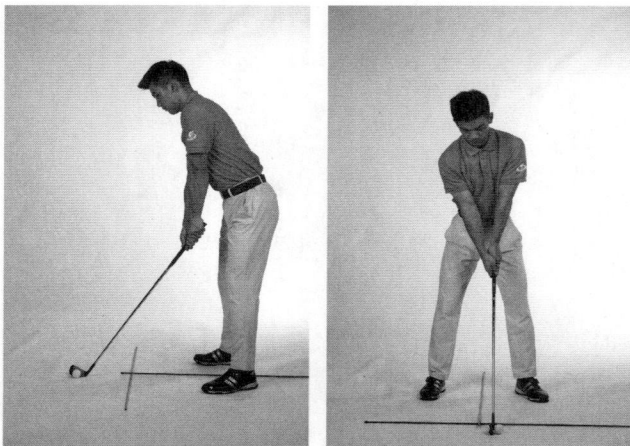

图 2-9 长铁杆站位

（三）易犯错误

1. 弱势握杆和强势握杆

弱势握杆：容易造成右曲球，握杆完成后左右手的两个"V"形均指向身体的左侧；在不改变正常挥动作的条件下，在击球瞬间杆面难以回正击球导致右曲球。弱势握杆时，下杆过程中为了使击球时杆面回正容易形成外向内挥杆，会进一步增加球的顺时针侧旋转幅度导致右曲球（图 2-10）。

强势握杆：适度的强势握杆虽然有益，但应避免过度。为试图快速纠正右曲球，许多选手采用过分的强势握杆方式来保证击球瞬间关闭杆面（图 2-11）。

图 2-10　弱势握杆　　　　　　　图 2-11　强势握杆

2. 手与身体的位置不合适

以 5 号铁杆为例，完成站位以后双手自然下垂握住球杆（图 2-12），双手握杆时离身体过远或过近都不合适（图 2-13、图 2-14）。

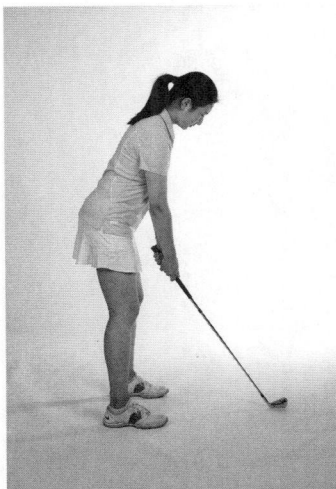

图 2-12　手与身体距离合适

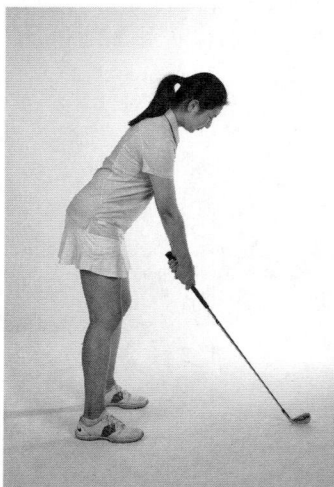

图 2-13　手与身体距离过远　　　　图 2-14　手与身体距离过近

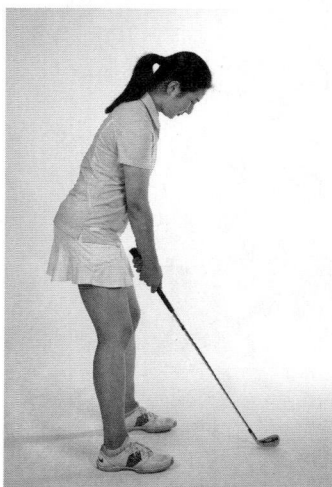

3. 身体角度不恰当

准备动作时，腰部要自然挺直，尽量保持上体与下肢处于稳定状态。最忌讳的就是含胸驼背（图 2-15）和过度弯曲或伸直双腿。出现这样的姿势，一则不利于上杆时身体的扭转，二则不利于下杆击球时调动腰部和下肢力量，会导致击球时过度依赖上肢，尤其是手臂力量挥杆击球。

图 2-15　驼背

4. 骨盆前倾

　　骨盆前倾在初学者中较为常见，与日常的工作和生活习惯有一定的关系。骨盆前倾时，从侧面观察挥杆时的准备姿势，会发现球员的骨盆-脊柱排列呈现 S 形（图 2-16），会对挥杆产生不良影响。上杆时，S 形姿态使上下椎骨之间的排列发生过度倾斜，限制脊柱的旋转幅度，为获得足够的上杆幅度，上半身可能会代偿性抬高，导致失去最佳的击球姿态。下杆时，身体姿态和位置的变化会影响到下杆时的挥杆平面，使球员失去对击球方向的控制。收杆时，由于骨盆前倾，造成髋关节伸展受限，腰椎后伸角度增大，腰椎之间产生挤压，增加腰部受伤的风险。

图 2-16　骨盆前倾

二、育人指向

（一）基本礼仪

1. 注意安全

　　高尔夫球运动的安全在规则和礼仪中列于首要位置。高尔夫球及球杆的重量和硬度在运动中有安全隐患，球员应熟知以下注意事项：不要对着有人的地方击球或练习空挥杆；不要在有人从身旁走过的时候挥杆，也不要在别人挥杆时从其身旁走过。

2. 保持安静

　　球员打球时须全神贯注，任何响动都有可能影响击球的质量。所以在球场上发出不必要的声音影响到他人击球是非常不礼貌的行为。

3. 控制打球速度

在高尔夫球场上，延误打球时间也是不礼貌的行为，而且会给他人和球场造成利益损失。以下是保持适当打球速度的建议：

（1）击球之前保持合理的空挥杆次数。

（2）到达果岭之前，提前观察下一洞发球台方位，规划球杆摆放（或球车停放）的位置，以节省时间，保存体力。

（二）装备的使用

高尔夫球运动中能否获得胜利取决于球员的判断、技术和能力。球员在打球过程中要规避为自己提供潜在利益的情形。因此，球员应做到以下几点：

（1）球员必须使用合规的球杆和球，合规的球杆指球杆在比赛过程中损坏或修复后仍可继续使用；合规的球指球在比赛期间没有发生碎裂或有切痕的情况。

（2）球员所使用的球杆数量被限定在 14 支以内（含 14 支），如果球员发现超过 14 支球杆，必须立刻采取行动，清楚地指出自己要放弃的各支球杆。

（3）可使用为比赛提供人工协助的其他装备，如使用装备测量风况等信息。

（三）比赛规则

1. 比洞赛规则

在比洞赛中球员的责任：当被对手问及已打杆数时，球员需要提供正确的已打杆数；当球员受到处罚后，在条件允许时尽快告诉对手。

2. 比杆赛规则

比杆赛有一些特定的规则，尤其是在记分卡和击球进洞方面。这是因为在比杆赛中，所有球员都需要按照规则受到平等对待。一轮比赛结束后，球员和记分员必须证明球员各洞成绩的正确性，然后球员必须将记分卡提交给委员会。

（1）比杆赛的获胜者

用最少的总杆数完成所有轮次的球员是获胜者。

（2）比杆赛的记分

记分员的责任：一轮比赛中，记分员应当确认球员在每个洞的杆数并将总杆成绩填入记分卡。一轮比赛结束后，记分员必须证明记分卡上各洞的成绩。

一轮比赛结束后球员的责任：

1）应当仔细检查记分员填写的各洞成绩，如有问题，及时向委员会提出。

2）必须确保记分员证明了记分卡上各洞的成绩（在记分卡上签字）。

3）不得更改记分员填入的各洞成绩，除非得到记分员的同意或委员会的批准。

4）必须证明记分卡上各洞的成绩（在记分卡上签字）并迅速将其提交给委员会，此后球员不得再更改这张记分卡。

如果球员违反了上述任何一条规定，应被取消资格。如果球员提交了记分卡，但是上面有任何球洞的成绩是错的，按照以下方式处理：一洞提交的杆数高于实际杆数，所提交的该洞较高的杆数有效；一洞提交的杆数低于实际杆数或者没有提交杆数，球员应被取消资格。

（3）未击球进洞

一轮比赛中，球员必须在所有球洞都击球进洞。如果球员没有这么做，球员必须在击球以开始另一个球洞的比赛之前纠正此错误，如果事情发生在该轮的最后一个球洞，则必须在提交其记分卡之前纠正此错误。如果没有按照上述时限纠正错误，球员应被取消资格。

三、教学建议

（一）教学步骤

1. 握杆教学

握杆是手指与球杆的连接方式，是身体感知球杆和击球的直接通道。握杆技术不仅是对手指动作的控制，更是对压力和振动的感知。建议教学步骤如下。

第一步，放置：怎样把双手放置在球杆上，在握把上位置的高低。

第二步，位置：握杆是强势还是弱势。

第三步，压力：球员抓握球杆的力度大小。

第四步，精准：球员的握杆是否能做到每次都一样精准，如果不注意会造成握杆的变化。

教学实施过程中，静态握杆动作教学相对容易，但要想在挥杆过程中保持握杆动作，就需要在教学中对握杆动作进行反复检查和调整，最终与挥杆动作合理匹配。在观察学员准备和握杆动作状态的同时，也要积极地与学员讨论握杆的感觉，以便于了解学员握杆控制方面的问题。

2. 站位教学

在日常生活中，类似高尔夫球运动站位姿势的动作模式几乎见不到，所以该动作对于大多数初学者来说难以快速掌握，甚至会因为动作误区或身体动作能力受限导致无法正常完成挥杆动作。站位是挥杆动作的基础，需要学员长期适应，循序渐进地调整。建议教学步骤如下：

第一步，根据使用的球杆，确定球相对双脚的位置。

第二步，双脚分开与肩同宽，站在目标线上，身体各部位对齐。

第三步，从臀部开始挺身前倾，后背平直，两臂自然下垂，双手掌心相对，重心向前，紧贴着球的后方放置杆头。

教学实施过程中，注重帮助学员建立从头到脚全方位检查站位的基本流程，注意帮助学员消除站位身体的紧张感，引导学员感受脚底压力位置的变化。

（二）学练方法

1. 技能学练方法

（1）抛球杆练习法

身体直立，双手握住球杆，双臂前举与胸同高；此时，抓握球杆的力度正好能防止球杆向下滑落，就意味着握杆力度合适（图 2-17）。练习目的：可以让球员反复感受最大力量握杆到球杆可以自然滑落，握力由大变小的过程。

图 2-17　抛球杆练习法

（2）夹硬币练习法

准备动作时，将一枚硬币置于目标手拇指和食指关节形成的虎口之间。挥杆过程中，如果硬币掉下来，则说明球员握杆动作技巧或握杆力度尚未掌握（图 2-18）。练习目的：检查挥杆过程中的握杆力度。

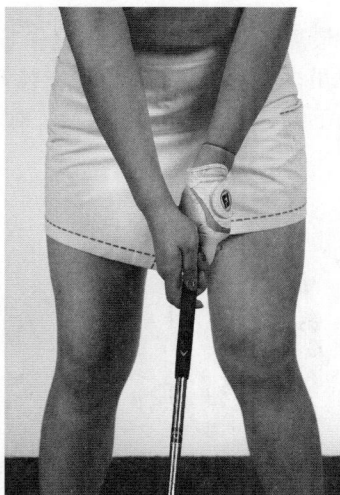

图 2-18 夹硬币练习法

（3）固定球杆站位法

首先，球员选择一支中号铁杆，握杆并做好击球准备动作。然后，教练蹲姿抓住球杆并将其固定，保证球员放开双手后球杆仍然保持在现有位置。最后，让球员重复站姿和握杆，直到形成自然的手臂动作和身体姿势（图 2-19）。练习目的：找到自然的准备姿势。

图 2-19 固定球杆站位法

（4）球梯练习法

在球杆和非目标侧手最后三根手指之间放置一根球梯（图 2-20）。在挥杆过程中掉落，则说明球员非目标侧手握杆动作技巧或握杆力度尚未掌握。练习目的：检查非目标侧手握杆情况，练习最后三根手指协作握杆的能力。

图 2-20　球梯练习法

2. 体能学练方法

体能练习建议每组 8～15 次，每项练习做 3 组。

（1）猫狗式练习（图 2-21）

1）跪姿，将膝盖置于臀部下方，手置于肩部下方，手臂微弯。

2）保持头、颈与脊椎在一条直线上。

3）将肚脐向脊椎方向提拉，尽量向上弓背，将下巴内收指向胸部。

4）将肩胛骨相向挤压，朝着地面方向向下弯腰，抬头直至能直视前方。

5）恢复起始姿势并重复。

图 2-21　猫狗式练习

（2）眼镜蛇式练习（图 2-22）

1）俯卧位，双手将身体缓慢向上推，保持髋部着地，向前看，尽量让胸部直立。

2）坚持几秒钟，缓慢恢复起始位置，并重复上述动作。

图 2-22　眼镜蛇式练习

（3）动态婴儿式练习（图 2-23）

1）跪在地上，臀部坐在脚后跟顶部，身体直立。

2）腰部缓慢向前弯曲，双手尽量向前拉伸身体，直至前额触碰地面。

3）保持拉伸姿势几秒钟，恢复起始姿势，再重复上述动作。

图 2-23　动态婴儿式练习

（4）脚跟触地练习（图 2-24）

1）仰卧，屈髋抬大腿，屈膝，臀部和膝盖位置分别呈 90°夹角。

2）保持膝部 90°夹角不变，缓慢放下右腿，直至脚跟触碰地面，保持后腰不动。

3）恢复起始位置，再换另一条腿重复上述动作。

图 2-24　脚跟触地练习

（5）墙壁角度练习（图 2-25）

1）面对墙体站立，人体与墙体相距约 30 厘米，头部和背部与墙体平行。

2）屈肘，大臂与地面平行，小臂与地面直。

3）保持背部和头部与墙体平行，缓慢抬起手臂，双臂尽力举高。

4）回到起始姿势并重复上述动作。

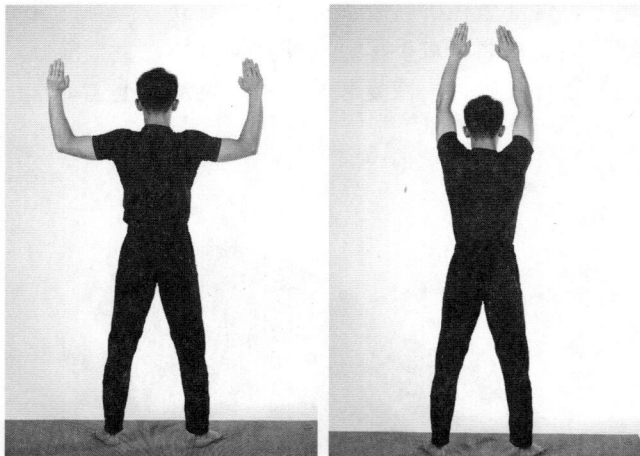

图 2-25　墙壁角度练习

四、教学评价

可根据挥杆前准备动作技术评价体系（表 2-1）结合实际掌握情况进行教学评价，并按照分值构成进行打分。

表 2-1　挥杆前准备动作技术评价体系（正手球员为例）

准备动作	评价指标	分值
握杆	左手握杆位置	7.5 分
	双手连接部位	5 分
	右手握杆位置	7.5 分
	握杆力度	10 分
	握杆指向	10 分
站位	膝关节角度	10 分
	上身前倾角度	10 分
	手到身体的距离	10 分
	肩—髋—膝—脚的指向	10 分
球位	球相对于脚的位置	10 分
	球杆与球的位置关系	10 分

第三章 全挥杆技术

▲

一、内容分析

（一）动作方法

1. 上杆部分（图 3-1）

上杆部分通常选取起杆、上杆、顶点三个位置作为标志点，用于检查球员的上杆动作是否正确。如果在该部分出现错误动作，下杆期身体需要更多的补偿动作才能保证击球效果。挥杆过程中出现过多的补偿动作说明球员的挥杆动作过于复杂，这与追求简洁高效的挥杆是相违背的，会使球员完成技术动作和击球稳定的难度增加。

起杆是挥杆动作的开始，在起杆部分，虽然身体的旋转幅度较小，但是身体旋转与手臂是同步协调运动的，要尽量保持双臂形成的三角形稳定。在教学中，应更注重胸椎旋转形成自然的引杆和起杆动作，避免手臂主动后拉。

上杆的位置是指目标侧手臂与地面平行，杆头指向空中，目标侧手臂与杆身成一个"L"形。通常在该位置检查球员的挥杆平面是否合理。

顶点是上杆与下杆的过渡动作，是挥杆由上转为下、身体由向后旋转转为向前旋转的转折点；也是非常重要的观察点，可以反映球员上杆完成质量的诸多信息，同时也是下杆的起点。

图 3-1 上杆部分动作分解

2. 下杆部分（图 3-2）

下杆部分是挥杆中最重要的部分，会对球的飞行产生直接的影响。下杆部分通常被划分为下杆、释放、击球三个位置。

下杆是下杆部分的开始，下杆过程中骨盆主动旋转带动胸椎，胸椎带动手臂是正确的顺序。不正确的下杆启动将对挥杆平面、挥杆释放、杆头运动轨迹、挥杆速度产生重大影响。

释放是指下杆过程中目标侧手臂与球杆角度由蓄积到打开的过程，也是力量从蓄积到释放的过程，处于下杆过程中非常关键的位置，世界高水平的球员在下杆过程中，该区域的动作高度一致。下杆过程中，杆身与地面接近平行时便是释放的开始。

击球是指杆头冲击球的一瞬间，杆头的击球方式决定了球的飞行表现。

图 3-2　下杆部分动作分解

3. 收杆部分（图 3-3）

收杆部分是顺势自然的动作，是完整挥杆的结束动作。合理的收杆动作是充分释放杆头速度和力量的保障，并且能将挥杆击球后剩余的速度和力量完美化解。

释放、击球、送杆三个位置组成了击球区域，送杆是击球区域的最后一个位置，是挥杆惯性与离心力而形成的一个自然动作，在击球后沿着低平的轨迹运动。初学者想主动控制球杆试图将球挑向空中，手臂出现过多的控制送杆环节，很难掌握好送杆技术。

前挥是送杆后的一个伴随动作，此时非目标侧手臂与地面接近平行，球杆与非目标侧手臂产生一定的夹角形成"L"形。

收杆是挥杆结束的一个动作，此时挥杆速度与力量充分化解，需要保持身体平衡，而不是主动旋转身体达成貌似优美的收杆动作。

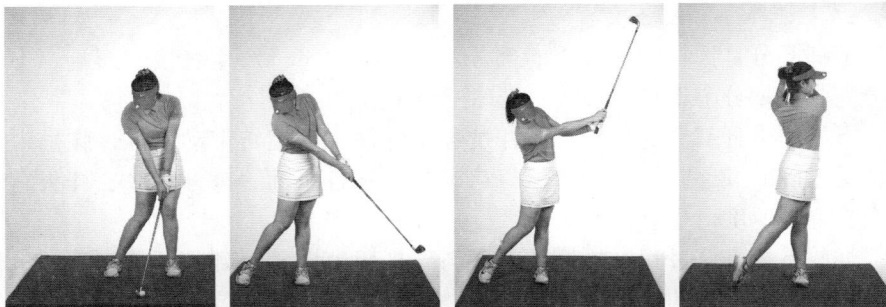

图 3-3 收杆部分动作分解

（二）技术关键

1. 上杆部分

（1）起杆（图 3-4）

从前方观察：身体轻微旋转，胸椎旋转角度大于骨盆旋转角度。略微立腕上翘，后侧手肘关节自然放松，杆身与地面接近平行。

从后侧观察：前倾脊柱角度保持，杆身与目标线接近平行，杆面保持方正状态（无翻转），双手与球杆形成的"Y"形随着身体的旋转改变了指向，但与胸椎和手臂的相对位置关系仍然与准备动作保持一致。

a. 侧面图   b. 正面图

图 3-4 起杆

（2）上杆（图 3-5）

上杆位置身体旋转角度变大，胸椎旋转角度约是骨盆旋转角度的一倍。

从前方观察：上杆位置，目标侧手臂与地面接近平行，目标侧手臂与杆身形成"L"形，角度约为 90°。旋转轴心保持稳定，脊柱角度保持不变，目标侧肩低于非目标侧肩。

　　从后侧观察：杆身平面与准备姿势杆身平面平行，握把指向目标延长线附近；前侧手腕背部与小臂保持平直，不形成内翻腕或外翻腕。前倾脊柱角度保持不变，胸椎旋转使胸部接近指向目标方向对侧，后侧肘部自然弯曲形成一定的夹角。

a. 侧面图　　　　　　　b. 正面图

图 3-5　上杆

（3）顶点（图 3-6）

　　顶点位置应最大幅度旋转身体，且胸椎的旋转角度远大于骨盆的旋转角度。

　　从前方观察：身体无侧向移动，顶点是上杆部分的最高位置、最大幅度。

　　从后侧观察：目标侧肩低于非目标侧肩，目标侧肩指向球位方向；身体旋转胸椎指向目标方向对侧，前倾脊柱角度保持，非目标侧大臂、小臂、手腕保持一定的角度，杠杆系统产生，杆面指向空中 45°附近；目标侧手腕与小臂保持平直，不形成内翻腕或外翻腕。

a. 侧面图　　　　　　　b. 正面图

图 3-6　顶点

2. 下杆部分

（1）下杆（图3-7）

从前方观察：目标侧手臂与杆身角度保持，身体开始向球的方向移动，并可能有身体轻微的下沉，身体骨盆旋转领先于胸椎旋转。

从后侧观察：前倾脊柱角度保持，非目标侧手臂角度保持，挥杆平面保持，杆面角度没有变化。

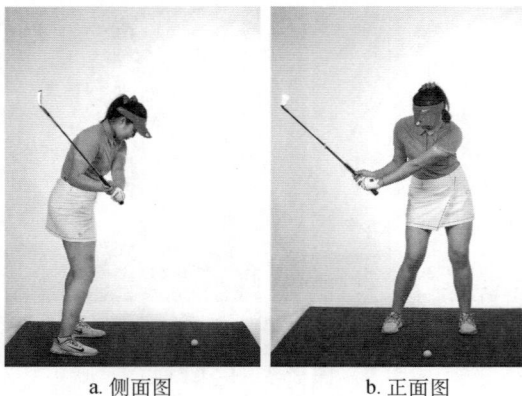

a. 侧面图　　　　　　　b. 正面图

图3-7　下杆

（2）释放（图3-8）

释放时的位置，骨盆先于胸椎旋转指向球位方向，身体运动方式进入蹬升阶段。

从前方观察：目标侧手臂与杆身夹角开始变大，旋转轴心保持不变，重心更多向前侧线偏移；骨盆领先于胸椎的旋转接近或达到指向球位方向。

从后侧观察：身体前倾脊柱角度保持，挥杆平面保持，杆面角度没有变化，非目标侧手臂角度逐步打开。

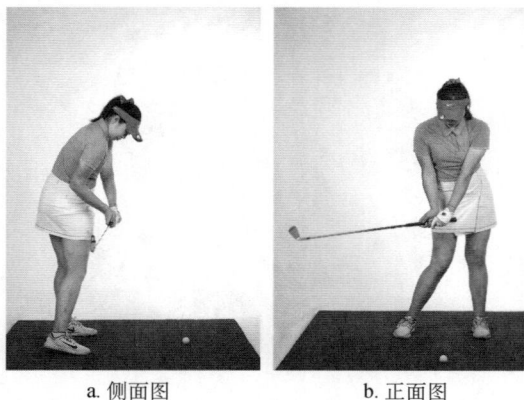

a. 侧面图　　　　　　　b. 正面图

图3-8　释放

（3）击球（图 3-9）

击球时，骨盆旋转先于胸椎，此时骨盆旋转超过球位指向球位与目标之间，胸椎旋转指向球位方向；身体完成充分的蹬升动作。

从前方观察：杆身与目标侧手臂成直线，重心更多地靠目标侧，身体靠近前侧线；骨盆旋转先于胸椎旋转，胸椎旋转指向球位方向；身体、手臂、球杆呈倒"K"形。

从后侧观察：杆身还原到接近准备姿势状态，前倾脊柱角度保持，非目标侧脚后跟抬起，杆面方正指向目标。

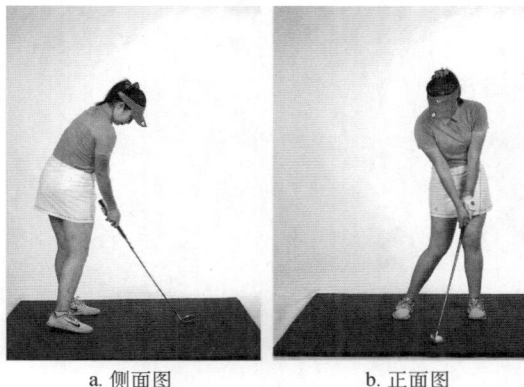

a. 侧面图　　　　　　　　b. 正面图

图 3-9　击球

3. 收杆部分

（1）送杆（图 3-10）

送杆位置时，胸椎旋转角度将在这个环节超过骨盆旋转角度，指向接近目标的方向。

从前方观察：双臂自然伸直，形成"Y"形，杆头超越手臂，右肩低于

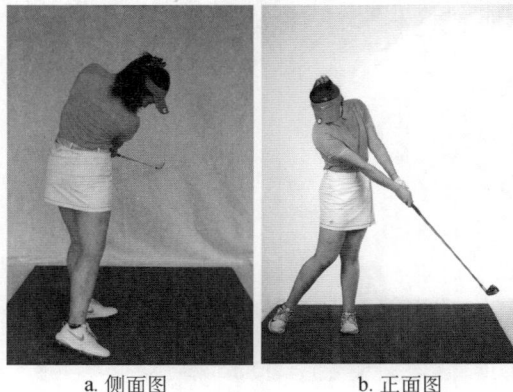

a. 侧面图　　　　　　　　b. 正面图

图 3-10　送杆

左肩；身体重心更偏向目标侧，旋转轴心稳定；骨盆向目标方向打开，非目标侧膝关节向目标侧膝关节靠拢。

从后侧观察：球杆位于挥杆平面内，杆身延长线指向目标方向。前倾脊柱角度保持，非目标侧脚跟抬起。

（2）前挥（图3-11）

前挥位置时，胸椎的旋转角度开始先于骨盆旋转角度。

从前方观察：非目标侧手臂与地面接近平行指向目标方向，非目标侧手臂与杆身产生一定的夹角形成"L"形，旋转轴心向前侧移动，非目标侧脚更多地向目标侧脚靠拢。

从后侧观察：目标侧腋窝不能有空隙，挥杆平面保持，非目标侧脚跟完全抬起，前脚掌内侧着地。

a. 侧面图　　　　　　b. 正面图

图3-11　前挥

（3）收杆（图3-12）

收杆位置时，胸椎旋转角度大于骨盆旋转角度，两侧肩膀连线指向目标方向。

图3-12　收杆

从前方观察：身体重心位于目标侧脚，非目标侧肩略低于目标侧肩，身体保持平衡；前侧大臂与胸部保持稳定一致，杆身、小臂、大臂自然形成一个框架并保持结构稳定。

从后侧观察：身体角度完全释放，非目标脚跟完全抬起，大脚趾支撑，杆身自然置于颈后。

（三）易犯错误

1. 挥杆平面

挥杆平面指的是从后侧观察，上杆和下杆过程中（图 3-13、图 3-14），杆身（杆头）所运行的轨迹所处的位置，通常用锥形和平行两种标定法进行标定，所标定的区域称为挥杆通道。

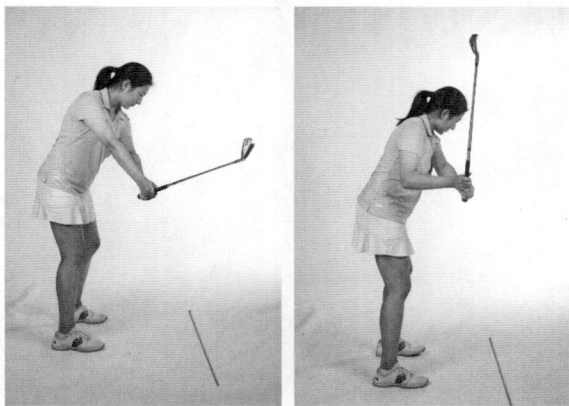

图 3-13 外上杆与外下杆

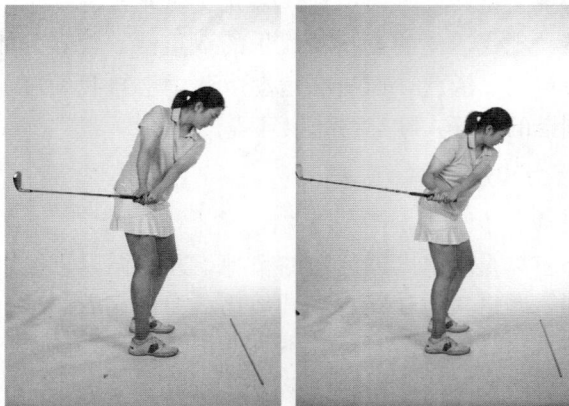

图 3-14 内上杆与内下杆

2. 挥杆顺序

在挥杆的过程中，身体各个关节依次遵循稳定→灵活→稳定→灵活的顺序进行：脚掌（稳定）→踝关节（灵活）→膝关节（稳定）→髋关节（灵活）→腰椎（稳定）→胸椎（灵活）→肩胛骨（稳定）→肩关节（灵活）→肘关节（稳定）→腕关节（灵活）→手掌（稳定）。

任何一个环节的错误将直接导致挥杆的错误，例如，肘关节由稳定变成了灵活，那么将更容易造成上杆"鸡翅"（图 3-15）。

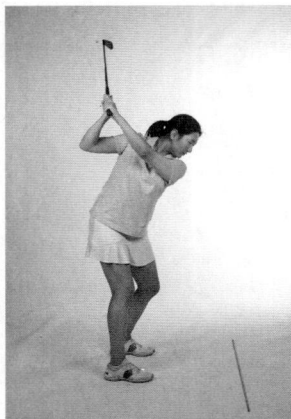

图 3-15　上杆"鸡翅"

二、育人指向

高尔夫球运动是一项高雅、文明、诚信、平等的户外体育运动，这项运动融合了西方传统文化，又融入了现代多元文化元素。高尔夫球运动体现了人与自然的和谐、现代运动的竞技与娱乐的双重性、较强的体验性、礼貌与礼仪的自律性等特征。因此，球员在运动中要学会自我约束，互相尊重，建立一个平等、和谐的良好人际交往礼仪环境。

（一）球员行为和规则

1. 球员的行为标准

所有球员都应尊重高尔夫球运动的精神，并遵循以下原则打球：诚信自律——遵守规则、严格实施处罚、真诚坦荡；为他人着想——快速打球、顾及他人安全、不干扰其他球员打球；悉心保护球场——铺回铲起的草皮、平整沙坑、修理球痕以及不使球场遭到无谓的损坏。

注：球员应该查看委员会是否制定了"球员行为准则"，如果有而不遵守，球员将会受到处罚。

2. 遵照规则打球

当球员已经违反某条规则时，规则认为球员应意识到这一点并诚实地给自己施加处罚。凡因球员自身的行为、球童的行为、球员要求或默许其他人的行为导致的违规，球员都会受到处罚。

处罚的本意是抵消球员获得的潜在利益，共有三种主要的处罚级别：

（1）罚 1 杆：适用于比洞赛和比杆赛。

（2）一般性处罚：比洞赛则该洞负，比杆赛则罚 2 杆。

（3）取消资格：适用于比洞赛和比杆赛。

（二）上场前礼仪

1. 着装要求

高尔夫球运动对着装有特别的要求，这是高尔夫球文化的一部分。俱乐部通常会要求会员身着有领的 polo 衫、棉质休闲长裤，脚上穿着能够起到保护草坪作用的有胶质鞋钉的高尔夫球鞋。

2. 开球时间

守时是高尔夫球员必备的素质之一。球员应提前到达出发站等候开球，任何时候都要服从出发台的安排。

3. 移动电源

球员打球时应尽量避免携带移动通信设备。若必须携带，下场之前请关掉铃声。使用时注意设备的声音，不要影响他人挥杆。

4. 更衣室使用

一般俱乐部都设有更衣室和更衣柜供球员使用，如果需要在打球之前更换服装，可充分利用这些设施。

5. 随行人员

多数俱乐部设立专门的区域供随行人员休息和用餐，应事先提醒他们注意自己的仪表和举止，随行人员陪同下场要符合高尔夫球运动的着装要求。

（三）击球相应规则

击球是指用一支球杆的杆头正确击打一个球，在不固定球杆的基础上，通过自由挥动来引导和控制整支球杆的运动。

击球时，球员必须用球杆的杆头正确击打这个球，使球杆与球之间仅有瞬间接触，并且不得采用推带、拨扫或舀的动作。如果球杆意外击到球一次以上，只算作一次击球，不受处罚。

击球时，球员不得直接或间接地用身体固定球杆（图 3-16）。

球员不得对正在运动的球进行击球，以下三种情况除外：球员为了击球而开始上杆后球才开始移动；球从球座上掉落；正在水中运动的球。

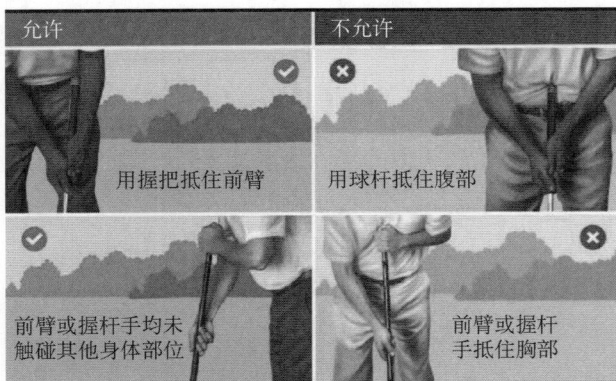

允许	不允许
用握把抵住前臂	用球杆抵住腹部
前臂或握杆手均未触碰其他身体部位	前臂或握杆手抵住胸部

图 3-16　固定球杆

三、教学建议

(一) 教学步骤

全挥杆技术动作复杂，需要身体各个部位有序配合才能完成，这也是高尔夫球运动技术的核心内容。常见的教学方式包含无球教学和有球教学两种。

1. 无球教学

全挥杆技术的无球教学，俗称空挥杆，是最常见的挥杆动作教学和练习方式。在不考虑击球效果的前提下，专注于完成挥杆技术动作。这样能有效帮助学员理解和掌握挥杆的动作技巧，建议教学步骤如下：

第一步，示范全挥杆动作，使学员建立全挥杆动作的初步印象。

第二步，讲解全挥杆动作框架，使学员正确理解全挥杆动作中的身体旋转与基本框架。

第三步，详细讲解全挥杆中身体旋转的运动方式及旋转的正确运动时序。

第四步，学员熟练掌握全挥杆中身体旋转运动方式及时序。

第五步，分段详细讲解全挥杆技术要领及运动时序。

第六步，技术从易到难、幅度从小到大，学员熟练掌握全挥杆技术要领及运动时序。

教学实施过程中，要注重对不同挥杆幅度练习的运用，帮助学员建立挥杆的空间感知和动作控制能力。另外，纯粹的动作练习相对枯燥，要注意学员兴趣的保持。

2. 有球教学

在击球过程中进行挥杆动作教学，学员的注意力势必会被球的飞行吸引，导致动作学习的效果降低，甚至会出现为了刻意地打出某种球路而改变挥杆动作。教练要做好引导，避免学员在初学阶段用动作去适应球，建议教学步骤如下：

第一步，讲述球如何在空中飞行的概念。

第二步，讲述球杆与球接触所发生的情况。

第三步，讲述击球位置，并让球员掌握该位置动作。

第四步，从击球位置到送杆位置，强调该过程的重要性，使学员正确掌握送杆动作。

第五步，从起杆位置到送杆位置，能用杆面中心正确击中球。

第六步，从起杆位置到前挥或从上杆位置到送杆，理解球并不是被挑向空中的。

第七步，从上杆位置到前挥，建立正确的挥杆平面。

第八步，从上杆位置到收杆或从顶点位置到前挥。

第九步，完整的全挥杆。

教学实施过程中，要注重有球和无球练习的有机结合，才能使挥杆动作高效地运用于击球过程中。

（二）学练方法

1. 技能学练方法

（1）上杆部分

拇指朝上起杆练习：在上杆过程中杆身与地面平行时，拇指伸出，并指向上方（图3-17）。练习目的：获得理想的挥杆路径和挥杆平面。

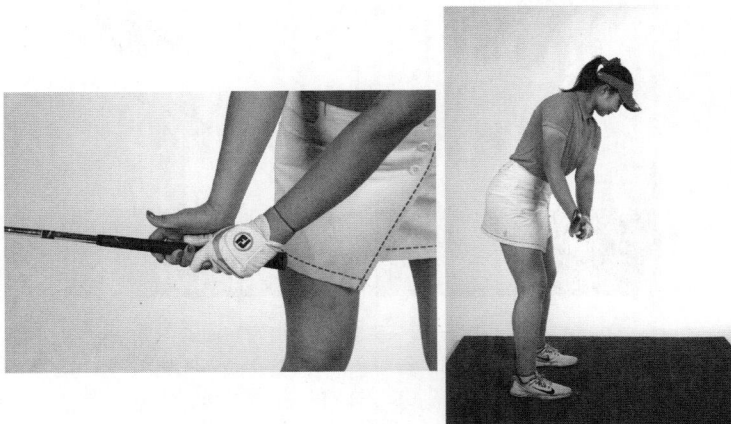

图3-17　拇指朝上起杆练习

挥杆平面练习：握杆时将一根标志杆穿过双手，当标志杆到达上杆位置时，应确保标志杆指向球或略微偏向球的内侧（图3-18）。练习目的：帮助形成正确的挥杆平面。

图 3-18　挥杆平面练习

　　夹球起杆练习：两臂间夹一足球或排球练习起杆（图 3-19）。练习目的：体会身体重心的转移。

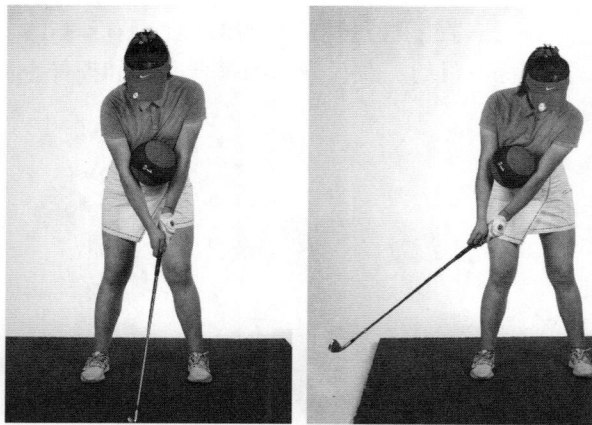

图 3-19　夹球起杆练习

　　推球练习：瞄球时，在目标高尔夫球的右方再放置另一颗高尔夫球，起杆时将目标右方的高尔夫球缓慢推开（图 3-20）。练习目的：提高起杆动作的流畅性。

　　球杆末端顶肚脐练习：站姿准备，用球杆握把末端顶住肚脐，双臂伸直握好球杆，并保持杆面的方正。然后做起杆练习，球杆和身体一起转动，球

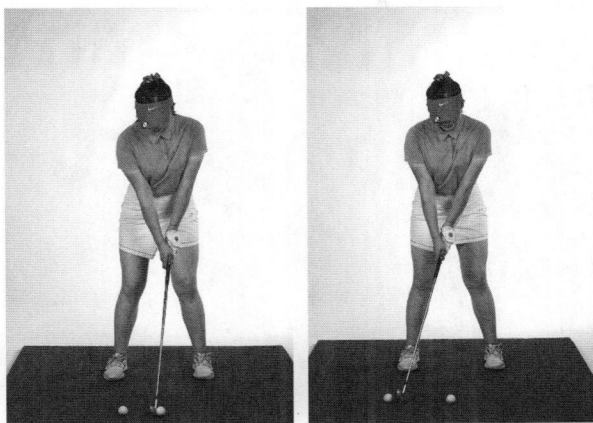

图 3-20　推球练习

杆握把末端不要离开身体，直到球杆和地面平行。在练习上杆动作时，球杆逐渐离开身体，直到左臂和地面平行，球杆和手臂呈 90°，目标侧前臂与杆头前沿平行，双肘连线和地面平行（图 3-21）。练习目的：体会转体起杆，身体上下配合旋转的动作。

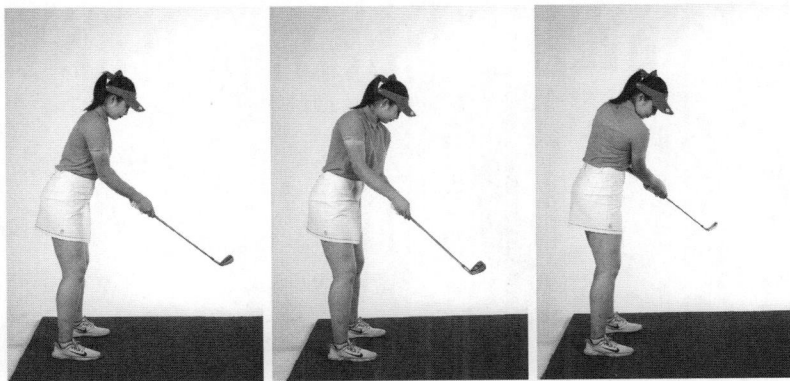

图 3-21　球杆末端顶肚脐练习

（2）下杆部分

击打袋包练习：用球杆击打一个装有旧衣物的袋子或圆包（图 3-22）。练习目的：从中体会下杆身体的发力顺序和杆头击物的触感，同时检查杆面与肩部的位置关系。

投高尔夫球练习：正常站姿，手持一个高尔夫球，用力将其投向 25～30 米处的目标（图 3-23）。练习目的：体验右侧身体的用力过程。

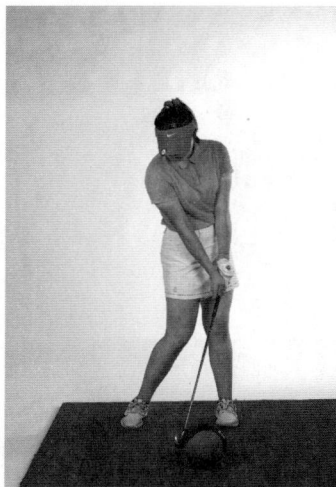

图 3-22　击打袋包练习

图 3-23　投高尔夫球练习

拔河对抗练习：教练或同伴站在球员的非目标侧，面对目标线。球杆在挥至和地面平行的位置时停住，让同伴抓住杆头，做下杆击球的动作（图3-24）。练习目的：练习髋部和双腿的正确移动，同时强化右手臂贴近身体的动作。

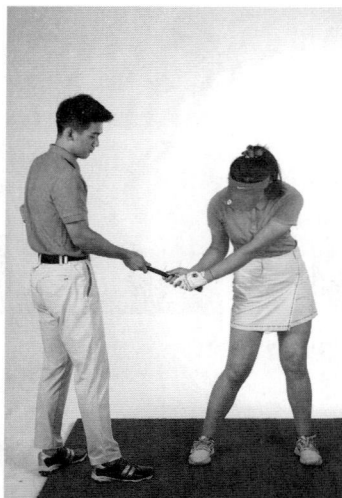

图 3-24　拔河对抗练习

徒手击掌练习：站姿准备，抬起双臂与地面平行，双臂自然下落，左右手掌平伸；在保持脊柱前倾的同时，非目标侧手臂做上杆至顶点的动作，当非目标侧手臂下落时双手击掌（图 3-25）。练习目的：体会下杆的动作和击球的感觉。

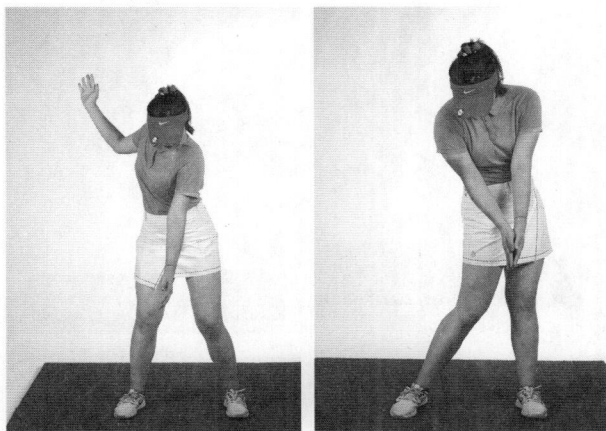

图 3-25 徒手击掌练习

（3）收杆部分

球杆握把顶脐送杆练习：将球杆握把末端顶住肚脐，杆头悬空，握住球杆杆身，做好击球准备，从起杆位置到送杆位置进行练习（图 3-26）。

图 3-26 球杆握把顶脐送杆练习

持杆做收杆练习：正常握杆，做好击球准备，从起杆位置到收杆位置进行练习（图 3-27）。

握杆分离练习：站姿准备，完成握杆后双手分离，非目标侧手向下移动8～10厘米，挥杆练习从释放位置到前挥位置（图 3-28）。

图 3-27　持杆做收杆练习

图 3-28　握杆分离练习

综合练习：依次练习挥杆的各个环节和位置，并在到达每个位置时停顿3～5秒。在练习每个动作时都要体会正确的位置感。每个动作都要注意体会肌肉运动的感觉。可以通过增加球杆重量或闭眼练习提升练习难度，提高练习效果。

双球杆倒置练习：站姿准备，两支球杆倒置，双手分别握住一支，练习起杆至送杆、上杆、下杆至随挥。练习时保持两支球杆之间的距离，尽量保证不让两支球杆碰在一起，可以获得理想的挥杆平衡和挥杆力量控制（图 3-29）。

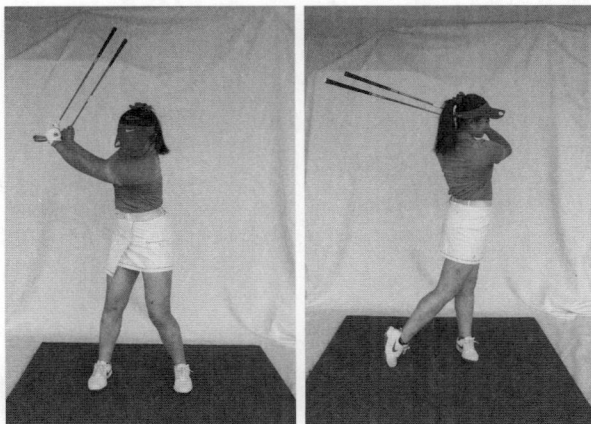

图 3-29　双球杆倒置练习

2. 体能学练方法

体能练习建议每组 8～15 次，每项练习做 3 组。

（1）骨盆分离练习（图 3-30）

1）以 7 号铁杆的挥杆姿势作为起式，双臂交叉于胸前。

2）在不移动肩部或胸部的前提下，将骨盆和臀部缓慢向右侧旋转。

3）将骨盆反向运动至中线，向左重复上述动作。

4）对着镜子进行这项练习，确保肩部和胸部不会跟着骨盆和臀部一起移动。

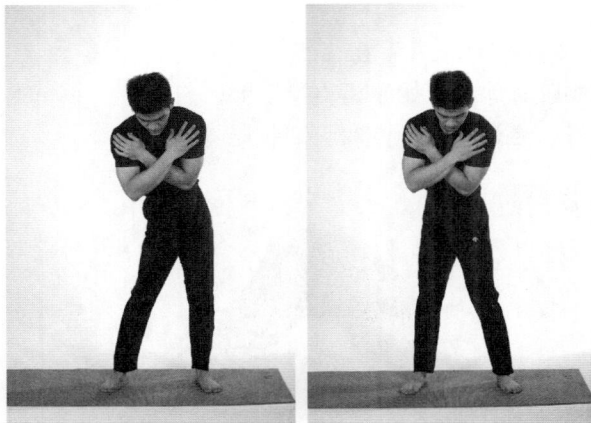

图 3-30　骨盆分离练习

（2）背阔肌活力练习（图 3-31）

1）距杆约 60 厘米处站立。

2）伸直右臂握杆，向右转动身体，直至胸骨面对右肘。

3）双腿屈膝，将胸腔向右推，右侧肋骨稍感拉力。

4）弯曲左腿，向左腿侧方伸直右腿。

5）右腿和右臂围绕左腿形成一个"U"形。

6）坚持 20 秒钟，换左侧重复上述动作。每组完成 3～4 次。

图 3-31　背阔肌活力练习

（3）海豚式支撑练习（图 3-32）

1）前臂和脚趾着地，开始平板支撑姿势。

2）向上翘臀，通过骨盆下方向腹部收尾骨。

图 3-32　海豚式支撑练习

3）可以绷直腿部，但是上背隆起，最好保持膝部弯曲。

4）坚持 30～60 秒。呼气同时，放松膝部着地。

5）恢复平板支撑的起始姿势，重复练习 1～3 次。

（4）膝盖在下方支撑的高平板支撑练习（图 3-33）

1）首先摆出俯卧撑的姿势，手掌位于肩下方，肘部伸直，身体直如平板。

2）缓慢抬起右脚，向上屈右膝，直至右脚触碰臀部。

3）缓慢地将右膝推入左大腿下方，稍停片刻。

4）恢复起始姿势，换左脚重复上述动作。

图 3-33　膝盖在下方支撑的高平板支撑练习

（5）旋转身体单臂伸展"V"形坐立练习（图 3-34）

1）屈膝坐在地上，双腿并拢，脚跟着地。手臂向前方伸直。

2）稍稍后仰，直至感到腹肌收缩，下腰应保持正常弧度。

3）左臂向后伸展，同时旋转躯干和头部。

4）收缩右侧腹肌，恢复起始姿势。

5）换至右侧，重复上述动作。

图 3-34　"V"形坐立练习

四、教学评价

可根据表 3-1 所示技术评价体系结合实际掌握情况进行教学评价，并按照分值构成进行打分。

表 3-1　全挥杆分解动作技术评价体系（以正手挥杆为例）

全挥杆分解动作	评价指标	分值
起杆	杆身位置 肩膀转动 手腕与球杆的关系（"Y"形） 右侧肘关节	20 分
上杆	前侧手臂与杆身角度 身体形态与转动 挥杆平面 手的位置 杆身指向	20 分
顶点	挥杆平面 杆面状态 身体形态与转动 有无侧向移动	15 分
下杆	前侧手臂与杆身角度 关闭前侧线缝隙 杆身指向	15 分
击球	前侧手臂与杆身 身体前侧与前侧线 身体姿态 肩、髋转动	10 分
送杆	"Y"形保持 身体形态与转动 前侧手臂与杆身	10 分
收杆	身体形态与转动 后侧脚支撑 杆身位置及角度	10 分

第四章 击球原理

▲

1. 飞行轨迹

在球场上观察一个球员，会发现不同类型的击球，事实上，每一名球员在球场上击球时都会产生很多种弹道轨迹。表 4-1 中描述了高尔夫球的九种最常见的飞行轨迹。

表4-1 高尔夫球九种最常见的飞行轨迹

种类	飞行轨迹
右直球	球从目标的右边开始，在一条直线上无曲率地飞行，最后到达目标右侧
右曲球	球从目标的左边开始，在空中向右弯曲，最后落在目标右侧
左曲球	球从目标的右边开始，在空中向左弯曲，最后落在目标左侧
右推右曲球	球从目标的右边开始，在空中向右弯曲，最后落在目标右侧
左拉左曲球	球从目标的左边开始，在空中向左弯曲，最后落在目标左侧
右推左曲球	球从目标的右边开始，在空中向左弯曲，最后落在目标上
左直球	从目标的左边开始，在一条直线上无曲率地飞行，最后到达目标左侧
左拉右曲球	球从目标的左边开始，在空中向右弯曲，最后落在目标上
直线球	球从目标开始，无曲率地飞向目标

2. 杆面角度

杆面角度是杆面前缘与杆头轨迹成直角的程度。杆面角度是影响球飞行的最关键因素，包括球的初始方向和球飞行的整体形状。它将决定球沿着这条线飞行的准确性，或者产生一条远离这条线的左或右曲线。为了方便起见，我们将把它称为杆面指向的方向。我们习惯用方正、开放和关闭来描述球杆面与击球方向的关系（图 4-1）。

挥杆轨迹

杆面指向

方正　　　　　开放　　　　　关闭

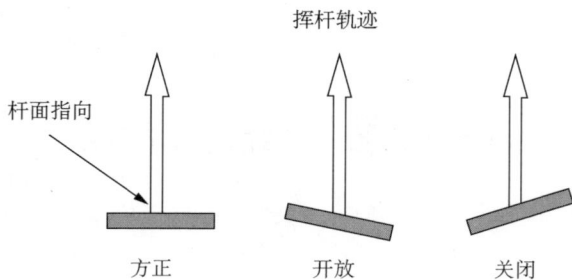

图 4-1　杆面角度关系示意图

　　一个方正的杆面角度将使杆面指向与挥杆轨迹完全相同的路径。一个开放的杆面角度将使杆面指向挥杆轨迹右边的路径。一个关闭的杆面角度将使杆面指向挥杆轨迹左边的路径。

　　loft 杆面角度是指球杆杆面与垂直线间的角度。球杆杆面是以不同的 loft 角度指向天空。每个球杆杆头都有自己的静态 loft 角度，当一个球员用一个中立的击球准备击球时，此时杆头与地面的夹角就是该杆头的 loft 角。

　　球员挥杆和释放球杆的时候将会对球的飞行轨迹产生影响，这被称为球杆的动态 loft 角。

　　杆面的 loft 角有一些基本规律：①在击球瞬间，夹角越大，球的后旋就越多，而且还会减少侧旋导致球通过空气的曲率。②最大的杆面角结合最浅的入击角度将产生最高的初始发射角。③当一个球被超过 70°的杆面角击中时，无论杆面打开多少，球都会以几乎纯粹的后旋旋转。杆头速度慢、杆头对球的挤压力小会减少球的旋转。

　　3. 杆头轨迹

　　杆头轨迹是指杆头在触及球的瞬间（包括击球前、击球过程中和击球后）的移动轨迹的方向。杆面角度和杆头轨迹是产生球的不同飞行轨迹的两个最主要因素。

　　随着杆面对齐，杆头摆动路径的方向对击球的整体状态有很大的影响。在击球瞬间，用来描述杆头轨迹的术语包括：内侧—方正—内侧，即杆面向目标方向移动；内侧—外侧，即杆面向击球目标右侧移动；外侧—内侧，即杆面向击球目标左侧移动（图 4-2）。

　　如果杆面的方向与球杆的摆动方向相同，内侧—外侧的轨迹将产生右直球；外侧—内侧的轨迹将产生左直球。

　　（1）球的初始飞行方向

　　假设使用的是一支杆面角度较小的球杆，如 5 号铁杆，并且杆头的触及

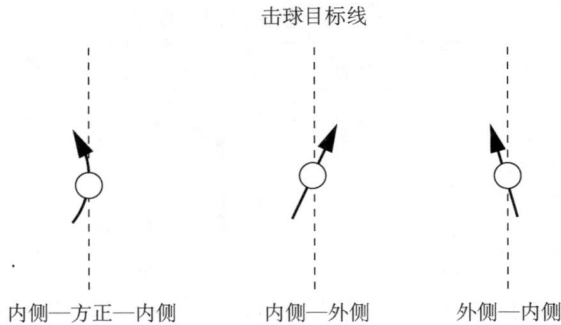

图 4-2　挥杆杆头轨迹

球位置是在杆面的中心。有 5 个要素会影响球在被撞击后而产生的初始飞行方向。击球角度和杆头速度也会产生影响，但很小可以忽略不计。

　　在影响球的初始飞行方向的 5 个因素中，最主要的是杆面角度和杆头轨迹（图 4-3）。当杆面前缘指向与杆头轨迹相同时（方正击球），并且杆头触球点在杆面中心，球的初始飞行方向与杆头轨迹一致。不方正击球时，球的初始飞行方向总是在杆头轨迹与杆面前缘指向之间的某个方向上，并且更接近杆面前缘指向方向。

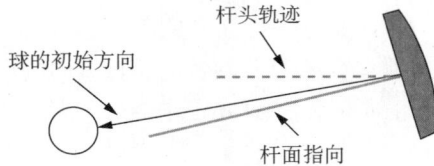

图 4-3　击球时杆面与球的初始方向

　　一个方正的杆面在击球时只会产生后旋，不会产生侧旋，球的初始飞行方向将沿着杆头轨迹的方向直线飞行。

　　一个开放的杆面在击球时（一条与杆面前缘成直角的线在击球时指向杆头轨迹的右边）将产生顺时针旋转的球和右曲的飞行轨迹。最后球落在击球时杆头轨迹方向的右侧。

　　一个关闭的杆面在击球时（一条与杆面前缘成直角的线在击球时指向杆头轨迹的左边）将产生逆时针旋转的球和左曲的飞行轨迹。最后球落在击球时杆头轨迹方向的左侧。

　　明确了杆面角度和杆头轨迹是产生球初始方向和曲率的主要原因之后，对于前文提到的球的九种飞行轨迹就会有以下杆面角度和杆头轨迹的组合（表 4-2）。

表 4-2　飞行轨迹及影响因素

飞行轨迹种类	杆面角度	杆头轨迹
直线球	方正	内—方正—内
右直球	方正	内—外
左直球	方正	外—内
左曲球	关闭	内—外
右曲球	开放	外—内
左拉左曲球	目标线、轨迹关闭	外—内/内—外/内—方正—内
右推右曲球	目标线、轨迹打开	内—外/外—内/内—方正—内
右推左曲球	轨迹关闭但是瞄准向右	内—外
左拉右曲球	轨迹开放但是瞄准向左	外—内

球飞行的轨迹、距离和状态也会受到尚未考虑的其他三个因素的影响，即击球角度、杆头速度和击球中心度。

（2）球的总体飞行方向

为了说明杆面对球的整体飞行方向的影响，可以先看一下超过 200 码的飞行距离的杆头轨迹是如何影响飞行轨迹的。每当杆头轨迹偏离目标线 1°（杆面保持方正），球的落点将远离目标 3.5 码。如果落点远离目标 20 码，那么杆头轨迹偏离目标线 6°以外。杆头轨迹与目标方向每相差 1°，球的落点将偏离目标 7.5 码。若要偏离目标 20 码，那么杆头轨迹与目标方向的误差将小于 3°。

当杆头轨迹内向方正向内，杆面方正击球。直接朝目标出发，继续直飞预定目标（图 4-4）。

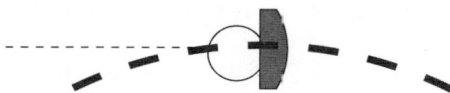

图 4-4　杆面方正击球

当杆头轨迹内向方正向内，杆面开放击球。从目标的右边开始，球的飞行将在空中向右弯曲（图 4-5）。

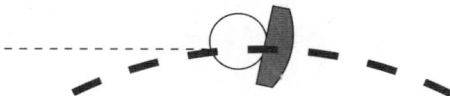

图 4-5　杆面开放击球

当杆头轨迹内向方正向内，杆面关闭击球。从目标的左边开始，球的飞行将在空中向左弯曲（图 4-6）。

图 4-6 杆面关闭击球

4. 击球角度

击球角度是指杆头向前挥杆时下降或上升的弧线相对于地面坡度形成的角度（图 4-7）。由于击球角度对球的起飞角度和自旋速率的影响，改变击球角度会影响球的飞行轨迹和飞行距离。假设杆面中心位置击球，击球角度和 loft 角会影响球的飞行轨迹。

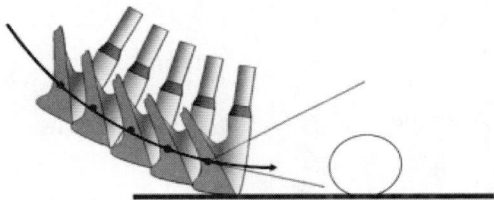

图 4-7 击球瞬间杆头在垂直方向上的运动轨迹

loft 角对于球的初始飞行角度和自旋速率的影响要大于击球角度。

当击球角度和动态 loft 角同时起作用的时候，比如，loft 角度减少的时候击球角度变得陡立，loft 角度增加的时候击球角度变得扁平，球的倒旋基本保持不变，只有球的初始轨迹会发生变化。

如果在击球时动态 loft 角保持不变，当击球角度变陡时，球的倒旋会增加，初始飞行轨迹也会稍微低一些。陡立的击球角度会产生更多的倒旋和更少的前滚距离。浅平的击球角度则会产生较少的倒旋和增加前滚距离。由于击球角度对球的倒旋产生影响，因此无论使用开放或关闭的杆面状态击球，击球角度越陡，球的飞行曲线就越小。击球时 loft 角越大，击球角度越小，球的初始飞行高度越高。最佳的击球角度将会给球带来最佳的倒旋和初始飞行角度，也会带来更远的飞行距离。

在过去的理论中，有一种观点认为，更陡的击球角度会使球产生更高的飞行高度，也就是说击球时杆头向下移动，球则会向上飞行。然而，目前已经证明了这个理论是错误的，因为球杆的动态 loft 角将会影响球的初始飞行轨迹。因此，在固定球杆的 loft 角的前提下，更陡的击球角度会使球产生更低的初始飞行轨迹，更扁平的击球角度会使球产生更高的初始飞行轨迹。球可能会以更陡的接近角度旋转，但需要足够的杆头速度才能使最终的轨迹明显地更高。陡立的击球角度会使球产生很好的倒旋，但是如果要让球初始飞行高度足够高，那就得需要足够快的杆头速度。

图 4-8 有助于理解击球角度在杠杆原理和击球释放技术相互关系的运用。

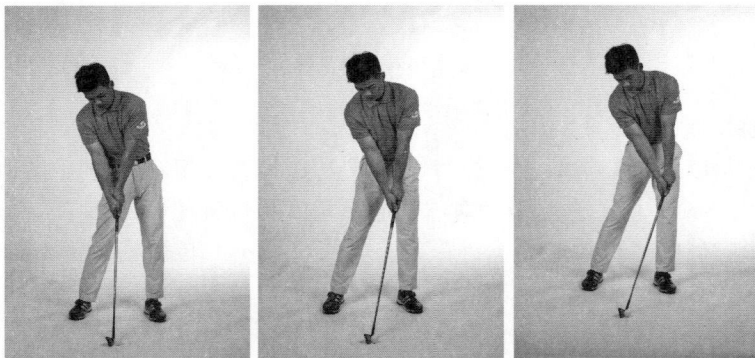

图 4-8　不同击球角度

在谈论击球角度的同时，还有一个相对较新的术语——倒旋 loft 角。它是用来描述动态 loft 角度与击球角度之间关系的术语。图 4-9 示意了静态 loft 角，即 loft 角与水平面的关系。动态 loft 角是击球瞬间杆面的角度（相对于水平面），它可能与高尔夫球杆的静态 loft 角相同，也可能不相同。

倒旋 loft 角是在动态 loft 角和击球角度之间形成的角度（图 4-10）。要增加（或减少）高尔夫球的旋转，必须增加（或减少）旋转放空角。

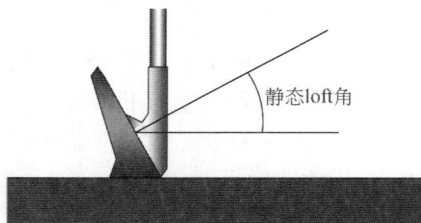

图 4-9　静态 loft 角

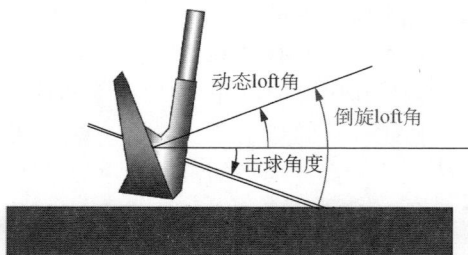

图 4-10　倒旋 loft 角的形成

在击球的时候，如果动态杆 loft 角和击球角度是已知的，任何一个参数的变化都会影响初始飞行角度和自旋速率。

如果可以保持动态 loft 角，使击球角度变陡，那么球将有更多的旋转和较低的初始飞行角度（增加倒旋 loft 角）。

如果可以保持动态 loft 角，击球角度较浅，那么球将有较少的旋转和较高的初始飞行角度（减少倒旋 loft 角）。

如果保持击球角度，增加动态 loft 角，那么球将有更多的旋转和更高的初始飞行角度（增加倒旋 loft 角）。

如果保持击球角度，降低动态 loft 角，那么球将有较少的自旋和较低的初始飞行角度（减少倒旋 loft 角）。

然而，如果动态 loft 角和击球角度同频率地增加（或降低），那么自旋速率不会受到影响，但初始飞行角度会更低（或更高）（倒旋 loft 角没有增加或减少）。

5. 杆头速度

杆头速度是指杆头的运动速度。杆头速度通常是在击球瞬间测量的。杆头速度会影响球的飞行距离、轨迹和曲率。

当杆头速度增加的时候，击球时杆头与球的接触距离、球的倒旋速度、球飞行的最高点都会增加。如果不是方正击球，那么球在空中的飞行曲线角度也会增加。

（1）飞行轨迹（倒旋）

事实上球在飞行的时候都会有倒旋，只是倒旋的程度有所不同。影响球飞行时倒旋程度的因素有以下几方面：

1）如果击球时杆头的触球点没有在杆面中心，球将损失速度（和旋转）。

2）随着杆头速度的增加，球产生的倒旋速度也会增加。

3）击球时会产生动态 loft 角，动态 loft 角越大，球的倒旋越强烈。

4）当入击角度陡立的时候，球的倒旋也会增加（动态 loft 角保持不变）。

倒旋产生升力，因此影响球的飞行轨迹。一般来说，随着倒旋的增加，所获得的球的飞行最大高度也会更高（图 4-11）。

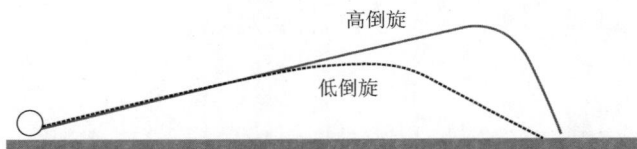

图 4-11　不同倒旋程度的球的飞行高度

（2）飞行曲率（侧旋）

杆头速度对非方正击球产生的球的飞行曲率量有影响。非方正击球的杆头速度越快，球会产生越多的飞行曲率。

击球时，无论是开放杆面还是关闭杆面，较大的杆头 loft 角产生的倒旋通常会抵消任何侧旋的影响，但是球的旋转轴会发生变化（图 4-12）。

图 4-12　球的旋转轴

6. 击球中心度

击球中心度是指球在球杆表面相对于打击点或"甜蜜点"的精确程度。击球的接触点可以是在杆面中心、杆头的趾部或跟部、"甜蜜点"的上部或下部。

杆头在非中心部位击球时，杆头绕着自己的重心旋转，通常被称为齿轮效应。当击球时杆头的趾部触球时，球会产生逆时针的旋转，当杆头的跟部触球时，球会产生顺时针的旋转。球杆的重心距离球杆面越远，齿轮效应的影响越强，反之则越弱。木杆的齿轮效应就要强于铁杆。

杆面的凸起是帮助球员获得更佳击球效果的一种方法，一般用于木杆的设计之中。它会影响球的初始飞行方向和倒旋。

首先，如果击球时接触点在趾部，那么杆面凸起会让球的飞行方向偏向中心右边。如果击球时接触点在跟部，那么杆面凸起会让球的飞行方向偏向中心左边。这两种效果的产生都是为了平衡齿轮效应，帮助球最终飞向目标方向。因此，击球时杆面趾部触球，球因为齿轮效应产生了逆时针的旋转，杆面凸起则使球更多地向右边飞行，这样就可以补偿齿轮效应造成的逆时针旋转，使球最终飞向目标方向。其次，杆面凸起的设计意味着尽管在击球的瞬间杆面是方正的，但是如果击球接触点是在杆面的趾部，那么接触点的杆面是开放的；如果击球接触点是在杆面的跟部，那么接触点的杆面是关闭的。

第五章 短杆技术

▲

一、内容分析

（一）动作方法

1. 切击球

切击球的特点是球在空中飞行距离很短，而落地之后滚动的距离较长。切击球的球位更靠近非目标侧脚，能有效地减小杆面角度，形成稳定的手腕角度。切击与推击很相似，只是使用的球杆不同。在球洞区周围通常会有不少的长草区域，球在长草上难以达成预期击球效果，此时通常会使用铁杆进行切击，使球先越过长草区域后，在平整的果岭上向前滚动。

2. 劈击球

劈击球的特点是大部分距离在空中飞行，另外的小部分距离在地面滚动。当在球洞区周围击球需要越过距离较长的长草区或沙坑时，可以使用劈击。劈击球挥杆幅度较切击大，球在空中飞行的高度也会更高。

3. 挖起杆击球

挖起杆击球介于球洞区周围的各种击球技术和全挥杆技术之间，是一项特殊的技术。用挖起杆击球，击球的距离通常在 40～100 码之间。

（二）技术关键

1. 切击球的动作要领

双脚站位宽度比双肩略窄，主要的身体重量放在左脚上。在整个挥杆的过程中，固定手腕的角度去击球。挥杆幅度比推杆稍大，但杆头始终位于膝部高度以下。在送杆时要保持低而长的收杆动作，即击球后杆头尽量贴着地面向前运动（图 5-1）。

切击球可以根据不同的距离和落点来选择球杆，通过改变球杆的长度和杆面角度应对不同情况的击球，而不是轻易改变挥杆幅度或动作。

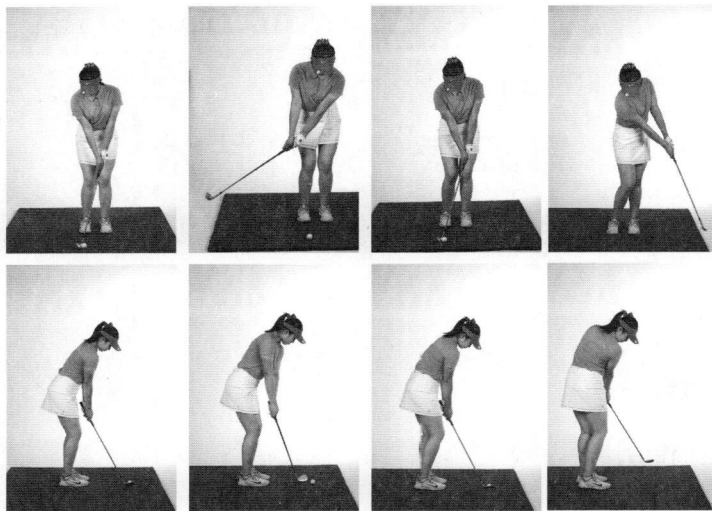

图 5-1　切击球挥杆动作

2. 劈击球的动作要领

劈击的挥杆幅度比切击大，顶点位置时双手位于胸部与肋部之间。劈击球的站姿比切击球略宽，且球位更靠近两脚之间，重心处于左脚内侧（图 5-2）。

图 5-2　劈击球挥杆动作

不同的球位可以改变触球时的杆面倾角和击球弹道。球位越靠近右脚，击球时杆面倾角越小，双手超过球位会使动态杆面倾角变小，球的弹道就会变低且滚动的距离变长；如果球位更靠近两脚之间，那么击球之时动态杆面倾角相对较大，会产生更高的飞行弹道，滚动距离变小。可以通过改变球位有效调整球的飞行高度。

3. 挖起杆击球动作要领

类似全挥杆击球准备，站位稍窄。挥杆动作也更为接近全挥杆动作，相比切击和劈击更宽的站位是为支持更大挥杆产生更大力量的上半身，以保证稳定击球。准备姿势与击球时类似，身体姿势与准备时基本一致，身体目标侧肩、髋、膝、踝成一条直线；在上挥杆和下挥杆的整个过程中，尽量保持这一姿势（图5-3）。

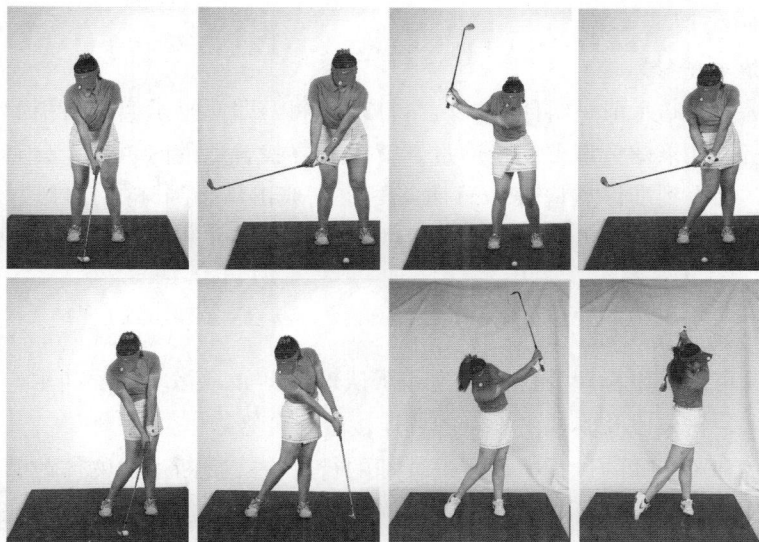

图5-3　挖起杆击球挥杆动作

（三）易犯错误

1. 手腕动作主导击球

击球表现为打薄、打厚以及击球距离和方向难以控制。动作表现为击球时杆头先于双手回到击球位置，甚至出现上半身主导"挑球"的动作，导致动作顺序错乱。

2. 准备动作重心分布偏右

击球表现为打厚和弹道偏高，难以形成合理的向下击球角度。动作表现为脊柱右侧倾斜过多，上、下杆不必要的重心左右移动，甚至完成击球后右脚压力仍然大于左脚。

3. 相克球

击球表现为杆头跟部靠近球杆颈部的位置触球，导致球起飞后直接偏向右侧，球的距离和方向难以控制。动作表现为下杆身体前冲，击球时脊柱右倾角度过大，下杆杆头轨迹过多地由内向外。

二、育人指向

（一）基本礼仪

1. 场下安全

虽然保持合适的打球速度会有助于你紧随前一组球员，并确保不会影响后面组的打球，但紧随前一组球员的同时又必须注意，不要离得太近导致球打中前面的球员。

2. 请求先行通过

这等同于暗示前一组他们延误了打球时间，即便是事实也会引起对方的不悦。所以如果球员请求先行通过，就应该寻找合适的时机，十分有礼貌地提出来，在得到准许后应表示感谢并尽快完成击球。当你的打球速度较慢，后组又追得很紧，有可能希望先行通过，应主动询问并为他人提供方便。

（二）相应规则

1. 适度寻找球的方式

球员可以采用合理的行为找到和辨认球。例如，移动沙子和水，或弯曲草、灌木、树枝以及其他生长着的或连接着的自然物体。

寻找和辨认球的过程中，通过合理的行为方式折断上述物体改善击球环境是不受处罚的，球员必须在沙子中恢复初始球位，但如果之前球完全被沙子覆盖，可以在恢复时露出球的一小部分。如果球员没有恢复初始球位就击球，要受到一般性处罚。

2. 辨认球的方式

球员可以通过看到球静止在某地或者看到球上的辨认标志来辨认球。当球员无法在现有位置下辨认球时，球员可以先标定球的位置，然后再拿起球进行辨认。注意不得将球擦拭至超出辨认所需的程度（在推杆果岭上除外）。

如果被拿起的球是球员的球或者是另一名球员的球，必须将球放置回初始位置。违反以上规则球员将接受处罚。

3. 试图寻找或辨认球时意外移动了球

在试图寻找和辨认球时，如果球员自己、对手或者其他人意外地移动了球，不受处罚。若发生这种情况，必须将球放置回初始位置（如果不知道初始位置，必须估计其位置）。

三、教学建议

（一）教学步骤

短杆技术是一种经验性较强、精准性要求高、动作控制性高的击球方式，目的是让球准确地接近目标。技术动作基本为全挥杆技术的简化，在教学实践中往往排在铁杆技术教学之后或者同步进行，建议教学步骤如下：

第一步，技术动作：进行准备动作的调整，控制挥杆幅度，尝试将球击飞。

第二步，准确性：能稳定地将球击飞之后，可引导学员注意球的飞行和滚动距离，建立不同球杆、不同动作幅度的距离控制体系，以实现对不同击球距离的精准控制。

第三步，实战应用：结合球场击球环境，尝试运用已掌握的短杆击球的技术处理，培养学员短杆技术的综合应用能力。

教学实施过程中，教学步骤的设计建议遵照设置目标距离由近至远、挥杆幅度由小至大、球位由简单到复杂的基本原则。

（二）学练方法

1. 技能学练方法

（1）插球梯有球技法

使用劈起杆或者短铁杆，在握把末端放一根球梯，朝向目标方向击球，分别打出 10 码和 40 码的击球距离。对比不同击球距离的上杆和下杆的过程中球梯的位置，帮助强化球员挥杆动作幅度的控制能力。

（2）平行球杆练习法（图 5-4）

准备动作的准确瞄准击球目标方向是十分重要的。将两个球杆或标志杆

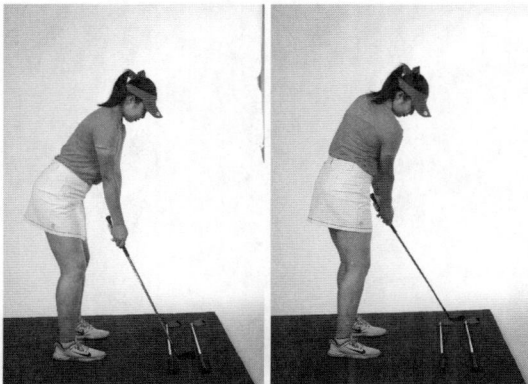

图 5-4　平行球杆练习法

平行地放在地面上且指向击球目标方向，两球杆之间距离比一个杆头的宽度略宽。使用中短铁杆，做好准备姿势，将球头置于平行的两个球杆之间，方正指向目标。做钟摆的动作，前后挥动球杆，反复练习。

（3）延长杆练习法（图5-5）

在切击时，双手的活动程度是影响击球距离和方向的关键因素，但在练习过程中却很难准确感知，该方法能够判断双手是否过度参与。使用短铁杆，做好准备姿势，加一根标志杆接在球杆握把上。如果双手参与过度，杆头会在击球瞬间越过手，这时标志杆会卡在身体非目标侧无法通过。

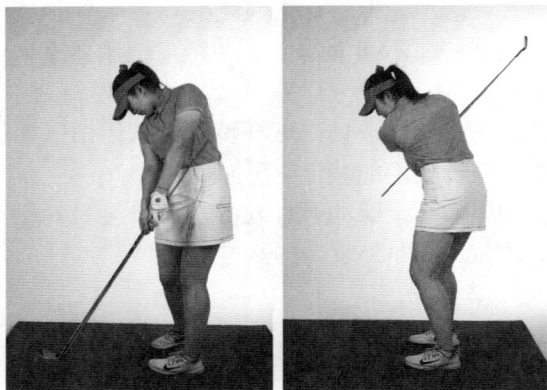

图5-5　延长杆练习法

（4）插球梯无球练习法（图5-6）

将一支球梯插入握柄末端的洞口中，在9点和3点挥杆幅度做正常挥杆。手腕弯曲适度球梯应该在上杆和前挥位置指向地面。该方法帮助球员感觉起杆时手臂的挥动和手的运动。

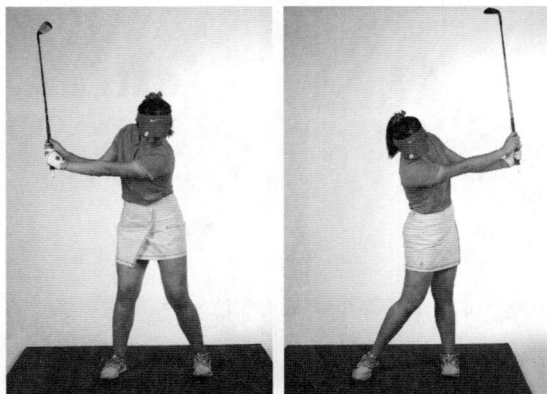

图5-6　插球梯无球练习法

（5）阶梯练习法

使用 7 号杆和 9 号杆切击，球的飞行和滚动距离都不一样。通过球杆的改变击出不同飞行和滚动距离的击球。分别设置 10 码、20 码、30 码和 40 码的阶梯递进击球目标，练习用同一支球杆打出不同的距离。然后更换球杆打出不同的距离。练习过程中，感受挥动节奏和挥杆幅度，注意球的飞行和滚动距离。反复练习建立球杆或挥杆幅度与击球距离的对应关系。

2. 体能学练方法

体能练习建议每组 8～15 次，每项练习做 3 组。

（1）"T"形练习（图 5-7）

1）手臂自然下垂，伸直肘部，竖起拇指。

2）缓慢夹起肩胛骨，朝远离耳朵的方向运动，但不能移动手臂。

3）缓慢向两侧抬起伸直的手臂，与身体形成"T"形，不得耸肩。

4）坚持 2～3 秒，然后恢复起始姿势。

图 5-7　"T"形练习

（2）肩部收缩由高向低拉臂练习（图 5-8）

1）抓住弹力带的手柄，左臂在胸前横向伸展，右手放于腰部。

2）向身体对角线的方向拉手柄，至左臀部的外侧，同时左肩胛骨向里收向脊椎，向下远离耳朵。

3）始终保持左臂伸直。

4）恢复起始姿势，重复数次，再换右臂重复练习。

（3）侧躺向外髋转动练习（图 5-9）

1）侧躺，双腿伸直，身体从头至脚形成一条直线。

2）将位于上方的腿向上抬起 30 厘米。

3）旋转髋关节，转动位于上方的腿，脚趾指向天花板。

4）恢复起始姿势，重复数次，换侧，用另一条腿重复练习。

图 5-8　肩部收缩由高向低拉臂练习

图 5-9　侧躺向外髋转动练习

（4）侧向抬脚向内旋转练习（图 5-10）

1）使用左前臂和左膝支撑身体，从头至脚成一条直线。

2）举右臂与身体垂直，将位于上方的腿向上抬起 30 厘米。

3）恢复起始姿势，重复数次，换侧，用另一条腿重复练习。

图 5-10　侧向抬脚向内旋转练习

（5）俯卧式背展练习（图 5-11）

1）俯卧，双腿并拢，手臂放于身体的两侧，掌心朝上。

2）回收肩胛骨和臀部间的肌肉，将上身、手臂和腿部稍稍抬离地面。

3）坚持这个姿势，缓慢呼吸 2～5 次。

4）恢复起始姿势并重复上述动作。

图 5-11　俯卧式背展练习

四、教学评价

根据测试者技能水平，参考《青少年高尔夫球运动技能等级标准与测试方法》中短切技术的测试方法设定难度适当的测试场地，并按照测试要求进行测试。

第六章　铁杆技术

▲

一、内容分析

（一）动作方法

在比赛实战中，稳定的铁杆击球是取得优异成绩的基本保障。球员铁杆的数量通常会占据全部球杆的一半以上，分为长铁杆（3号、4号铁杆）、中铁杆（5号、6号铁杆）和短铁杆（7号、8号、9号铁杆）。

铁杆击球准备姿势，强调适宜的身体角度和放松身体状态。头部保持相对固定，双臂放松并自然下垂。引杆动作要保证双肩、双臂、双手和球杆运动的整体性。上杆时手腕向上翘起，球杆在合理的平面内运动。引杆至顶点区间，双肩旋转90°，髋关节旋转角度通常不足双肩的一半。下杆过程，球杆沿目标线稍靠内侧的方向下挥。身体的平衡和挥杆的节奏是保证击球位置的关键因素。击球时刻，球员的头部保持在触球点稍微靠非目标侧的位置，此时球杆在击球后由于惯性作用继续向前运动进入随挥杆阶段。顺势完成收杆动作，从球员的收杆动作可以基本断定挥杆的完成质量（图6-1）。

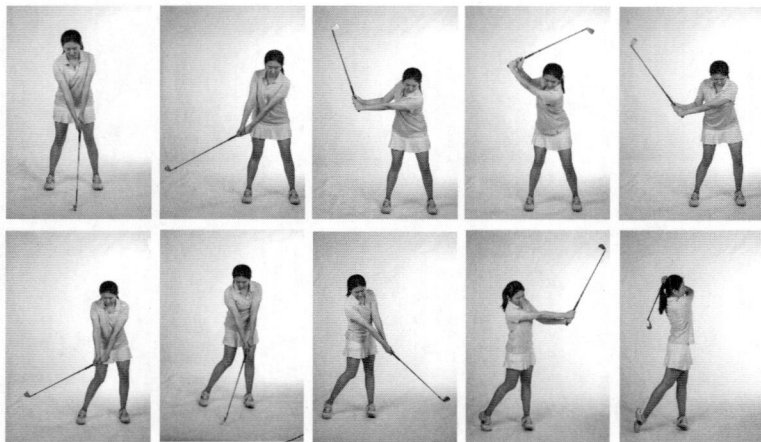

图 6-1　铁杆击球挥杆动作分解

（二）技术关键

1. 准备姿势与球位

通常根据球杆杆身的长度来决定准备姿势和球位，使用 3 号铁杆时，双脚的站位离球要稍远一些，身体较为直立。使用 6 号铁杆，其杆身长度比 3 号铁杆短 5 厘米左右，所以站位离球要相对近一些，前倾幅度也稍大。使用 9 号铁杆时，站位要更近一些，身体的前倾幅度也更大。

球摆放的位置在很大程度上决定了杆触球的角度，进而影响球的飞行轨迹。一般情况下，使用 3 号铁杆时球的位置同木杆击球时的位置非常相近，靠近目标侧脚跟的位置。使用 9 号铁杆时要有更为陡立触球角度，所以球要更多地偏向非目标侧。使用 6 号铁杆时球位应该介于二者之间。

在铁杆击球时，稳定的瞄球姿势至关重要，球员应当形成符合个人特点的瞄球姿势。通常符合以下要求，双脚尖连线和肩线平行于目标线，身体重心均匀地分布在两脚上，双手在球正上方或稍微靠前的位置。

2. 挥杆稳定性

稳定的挥杆动作、一体性引杆至关重要，也就是双肩、双臂、双手和球杆紧密配合，平稳地向后引杆。在这个阶段，任何一个部分动作的脱离整体都会对整个引杆动作造成负面影响。下一个阶段，伴随着身体的转动双臂的继续上挥且球杆在合理的平面里，此时手腕开始翘起，使杆头向上指向天空。

在上杆到达顶点后，如果球杆杆身再次与地面平行，保持杆身与击球目标线的平行非常重要。此时，球杆杆面与杆身的夹角和前臂与杆身的角度应当一样，应避免因手腕过度参与导致两角度变化。同时脊柱和头部保持在最初的位置，并未发生明显的位移。

下杆过程中，把身体重心平稳地向左侧转移，同时开始把向非目标侧扭转关闭的身体各环节逐次打开。非目标侧肘关节伴随的上半身的旋转保持在体侧。

3. 击球

一般情况下，长铁杆不如短铁杆容易控制，击球的稳定性也低于短铁杆。正确的下挥杆动作是稳定、准确击球的基本保障。杆头触球正确的感觉是：杆头在通过球所在位置时把球"带走"，而不只是一个简单的击打动作。如果球的位置摆放合理，击球的角度正确，杆头会先接触到球，然后再接触到草皮，这样才会形成高质量的铁杆击球。

为了在杆触球阶段使杆面顺利回正，常常误以为身体必须恢复到准备时的与目标线平行的状态。但事实上，为了形成有力的球和自下而上的发力顺序，髋关节几乎会完全转向击球目标方向。此时身体整体处于开放状态，肩关节也是略微开放，为手臂和球杆顺利通过击球创造条件。击球时刻，尽量延长杆面触球的时间，要做到触球后非目标侧肩通过下颚并朝目标方向运动。一定要避免对击球错误理解，即杆头通过一段触球区域而并非是某个点。

4. 平衡状态下收杆

铁杆击球时，保持身体的平衡是非常重要的。结束挥杆时，脊柱应该保持正直，非目标侧肩位置在目标侧脚的正上方。在收杆阶段，任何身体的停顿都说明挥杆过程存在问题。一般情况下，身体平衡被破坏是由于挥杆时用力过猛或挥杆过快造成的，因此挥杆时要适当控制力量。

（三）易犯错误

通常易出现球位摆放错误，主要有两种情况：一种是过于靠前（偏向目标方向），一种是过于靠后（偏向非目标方向）（图 6-2）。当球的位置过于靠前时，杆头在触球前就已经达到了挥杆平面的最底端，往往导致在触球前先接触地面，成为"擦地球"。相反，当球位过于靠后时，杆头在还没有达到挥杆平面的最底端时就已经接触到了球，往往导致打"薄"的击球，形成低平的飞行表现。

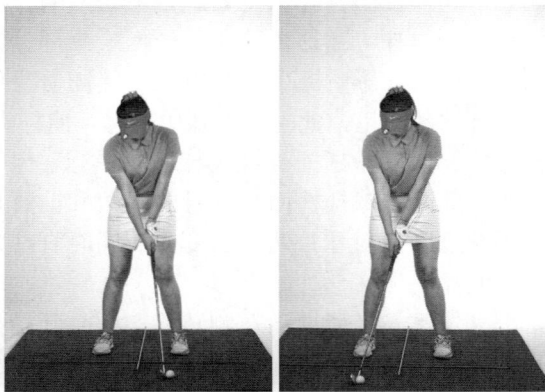

图 6-2　球位摆放错误

二、育人指向

（一）礼仪

1. 相互尊重

尊重同组球友，不要在有人准备发球或击球时交谈或议论其他人的挥杆，同时还要避免在发球台上整理球包内的球杆发出声响。

2. 互相帮助

用心观看同组球友的击球。认真地为其他球员看球的落点，他们会十分感激，可以减少球的遗失，节省打球时间。若到你开球时，事先在手中拿好球座和球，前一位击球完毕就径直走上发球台插球座准备击球。

3. 发球区注意事项

球车轧上发球台后在草坪上留下的车辙印很难修复，也会给其他球员带来不便，并给球会造成严重损失。因此，手拉球车还是机动球车都严禁开上发球区域。

4. "Ready Golf"——让准备好的球员先打

平常打球可以让准备好的球员先打。即使同组某位球员的球不是离洞最远的一个，只要他（她）已经做好击球准备，就可以先击球。前提是与同组球员事先达成共识，这样可以节省击球时间。

5. 高尔夫球车

球员不需要驾照就可以在球场开球车，但前提是必须了解在场上行车的基本常识，并且能够做到在驾车的同时既不会破坏球场草皮，又不会冒犯其他球员。

驾驶机动球车时应保持匀速行驶。行车时应时刻关注周围的打球者。一旦发现有人正准备击球，就必须停下来，击完球之后再发动球车继续行驶。

（二）相应规则

1. 运动中球意外撞到人或外部因素

（1）对任何球员均不处罚

如果球员的运动中球意外地撞到任何人或外部因素，对任何一名球员均不予处罚。

在比杆赛中，如果球员从果岭上击打的运动中球撞到另外一个在果岭上的静止中球，并且在击球前两个球都位于推杆果岭之上，球员要受到一般性处罚（罚2杆）。

（2）在球的现有位置打球

如果球员的运动中球意外地撞到任何人或外部因素，必须在球的现有位置打球。

从推杆果岭上击出的球意外撞到在推杆果岭上的任何人、动物或可移动妨碍物（包括另外一个运动中球）时，该次击球无效，必须重推。

2. 被人故意变向或者停止

如果一个运动的球被球员故意变向或停止，或者撞到被故意放置在某一特定位置的装备，正常情况下会有罚杆并且不得在球的现有位置打球。

3. 故意移动物体或改变环境以影响运动中球

当球在运动中时，球员不得故意改变客观环境，不得拿起、移动散置障碍物或可移动妨碍物来影响球有可能静止的地方。

例外：球员可以移动一支被移走的旗杆、在推杆果岭上静止的球或任何球员的其他装备。

违反本规则的处罚：一般性处罚。

4. 罚杆区

球静止在其中后允许罚一杆补救的区域为罚杆区。

（1）球位于罚杆区内时的选项

罚杆区被标定为红色或黄色，这影响了球员所补救的选项。球员可以站在罚杆区内打一个位于罚杆区外的球，包括从罚杆区采取补救之后。

1）球位于罚杆区内的场合：当球有任何一部分位于罚杆区边沿内的地面或任何其他物体之上，或触及上述地面或物体，或位于罚杆区边沿或任何其他部分的上空，该球即位于罚杆区内。

2）球员可以在罚杆区内球的现有位置打球或采取罚杆补救：球员可以在现有位置打这个球，不予处罚；或采取罚杆补救，在该罚杆区外打一个球。

3）未找到在罚杆区内球员的球时的补救：如果球员未找到球，但知道或几乎肯定球静止在罚杆区内，可以按照规则采取罚杆补救。如果球遗失并且球员无法知道或几乎肯定静止在罚杆区内，那么球员必须采取 1 杆加距离的补救。

（2）球在罚杆区内的补救方法

黄色罚杆区的补救方法（图 6-3）：当知道或几乎肯定球位于黄色罚杆区且希望采取补救时，球员有两个选项，每个选项都要被罚 1 杆。球员可以采取 1 杆加距离补救，根据上一次击球地点在补救区内打初始球或另一个球；球员也可以采取向后连线补救，根据始于球洞经过 X 点的参考线在一个补救区内抛初始球或另一个球。

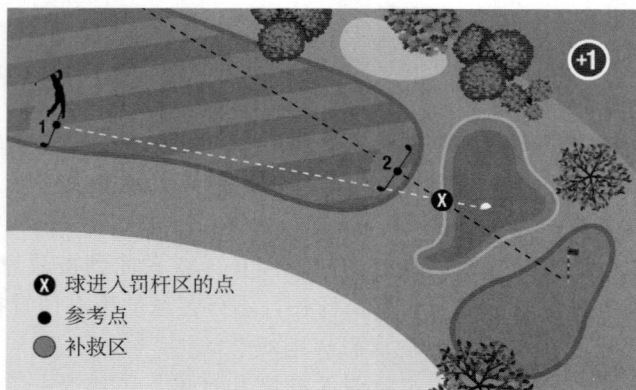

图 6-3　黄色罚杆区的补救

参考点：球员在球场上选择的，位于经过 X 点（球最后穿过黄色罚杆区边沿的点）的参考线上的一个点，参考点可以在该线上向后任意位置。

补救区：从参考点测量的一个球杆长度，不得比参考点更靠近球洞，并且可以位于除了同一个罚杆区以外的任何球场区域。

红色罚杆区的补救方法（图 6-4）：当知道或几乎肯定球位于红色罚杆区且希望采取补救时，球员有三个选项，每个选项都要被罚 1 杆。球员可以采取 1 杆加距离补救；也可以采取向后连线补救；还可以采取侧面补救（仅限于红色罚杆区）。

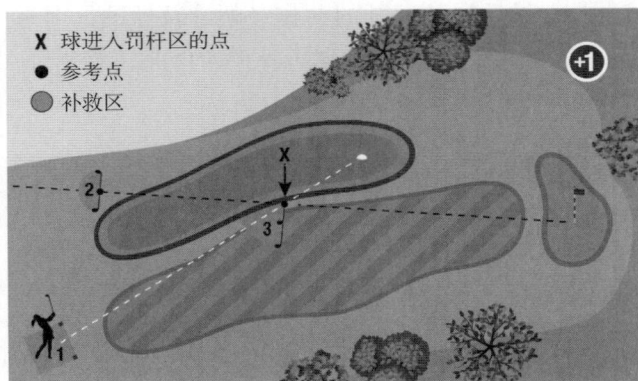

图 6-4 红色罚杆区的补救

5.1 杆加距离补救

当球在罚杆区之外遗失或静止在界外时，从发球区到球洞的规定打球过程被中断，球员必须从上一次击球的地点再次击球以恢复这个过程。

任何时候，球员都可以采取 1 杆加距离补救。一旦球员按照 1 杆加距离的处罚把另一个球投入比赛状态，初始球就脱离了比赛状态，不得再打。

三、教学建议

（一）教学步骤

铁杆击球往往是初学者最先学习的高尔夫球运动技术，在握杆和准备动作教学基础上，运用挥杆技术动作击球，建议教学步骤如下：

第一步，中铁杆小幅度挥杆，架上短梯击球，先让球飞起来。

第二步，根据中铁杆挥杆动作掌握和击球情况，增大挥杆幅度并尝试在打击垫上击球。

第三步，中铁杆击球保证球的飞行方向、高度和距离。

第四步，短铁杆击球教学。

第五步，长铁杆击球教学。

教学实施过程中，要让学员理解不同铁杆的差异性和技术动作的一致性，建议先形成合理的准备姿势和稳定的挥杆节奏，再安排多种铁杆的击球练习。

（二）学练方法

1. 技能学练方法

（1）先送杆再起杆（图6-5）

球杆任选，正常的准备姿势，将杆头略微上提，悬在球的上方。将杆头向击球目标移动，即做反向的起杆的动作（朝着目标的方向）；再上杆到顶点，下杆将球击出。这样能有效地降低击球准备的身体紧张感，提高起杆动作上半身与手臂配合的一致性。

图6-5　先送杆再起杆

（2）用绳子挥杆（图6-6）

准备一条长度合适的绳子。正常的握杆和准备姿势，绳子要刚好碰到地面。做正常的上杆动作，在上杆顶点绳子会落在目标侧肩膀上，否则即挥杆平面出现问题。挥杆平面太过扁平是身体转动幅度太大而手臂挥杆的动作太小，绳子的高度就会比较低。相反，若挥杆平面太陡立，则是手臂摆动太高，身体倾斜却没有转动，绳子就会打到头部或颈部。上杆顶点，运动方向转变的瞬间是非常重要的，使用绳子挥杆有助于体会该过渡的过程。开始下杆时，节奏切勿过快，应当做到当重心开始朝目标侧转移之时，上半身和手臂的稍微停顿。当手和手臂开始朝下杆方向移动时，相对柔软的绳子末端会产生滞后的现象；继续下杆在绳子的末端会逐渐追赶手和手臂，并在挥杆的最低点伸直产生"啪"的声音，像抽鞭子的感觉。这也表明绳子在最佳的时间达成了最大的速度，该位置就是击球的区域。

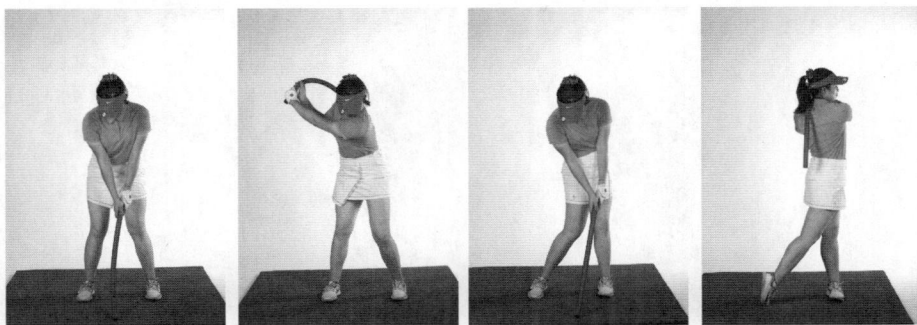

图 6-6 用绳子挥杆

（3）避免头部上下摆动（图 6-7）

教练手持枕头，球员的头部顶住枕头使之固定。开始上杆练习，尽量控制让头部不会上下移动。开始下杆，在到达击球点之前头部都应该维持在原有高度，表明脊椎倾角在挥杆没有改变。如果正常挥杆时能做到这一点，就可以为准备的击球提供基本的保障，有效避免因为头部的上下移动产生补偿与调整的动作。

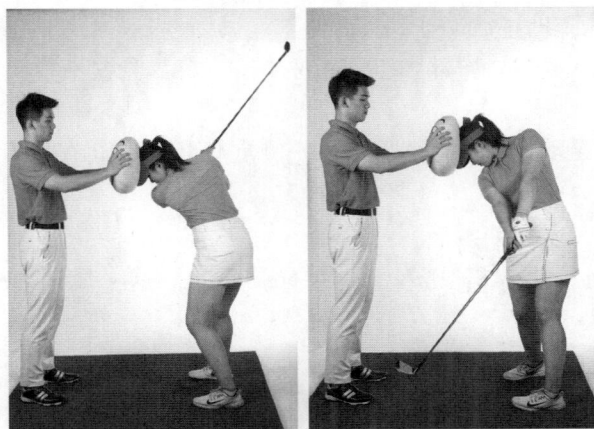

图 6-7 避免头部上下摆动

（4）顶点停顿再击球（图 6-8）

正常的击球准备姿势，上杆顶点时，停下来请同伴抓住球杆。重心往目标侧转移，臀部稍微回转启动下杆。因为球杆被同伴施加阻力，感觉到手腕产生的压力，进而导致前臂和杆身的夹角减小。空挥杆练习，尝试找到步骤二时手腕的感觉。注意保证手腕足够放松，能充分感觉到杆头的重量。

图 6-8　顶点停顿再击球

2. 体能学练方法

体能练习建议每组 8～15 次，每项练习做 3 组。

（1）全身侧面平板练习（图 6-9）

1）左侧斜躺，右腿置于左腿之上。左前臂支撑身体，肘部位于肩部的正下方，使腿、膝部、臀部和肩膀都处于同一直线上。

2）保持这一姿势，臀部和躯干部位不得下沉，骨盆不得向后滚动，腰部也不能弯曲。

3）坚持直至动作变形，然后换另一侧重复上述动作，重复 3～5 次。

图 6-9　全身侧面平板练习

（2）单腿支撑横向挥动手臂练习（图 6-10）

1）坐在弹力球上，左脚抬离地面，右脚着地，右膝弯曲 90°。

2）将弹力绳直接连接于身体右侧某个固定物体。

3）双手握住弹力绳的手柄，锁住肘关节，双臂向外伸直置于体前。弹力

绳与手臂形成 $90°$。

　　4）保持头部和右膝朝前，充分向左旋转躯干。

　　5）重复数次。

图 6-10　单腿支撑横向挥动手臂练习

（3）使用实心球的俯卧撑练习（图 6-11）

1）以俯卧撑的姿势准备，并将中号实心球置于右手下方。

2）缓慢俯卧，同时保持脊椎平直且不受力。

3）回到起始姿势。

4）重复数次，将实心球置于另一只手的下方，重复上述练习。

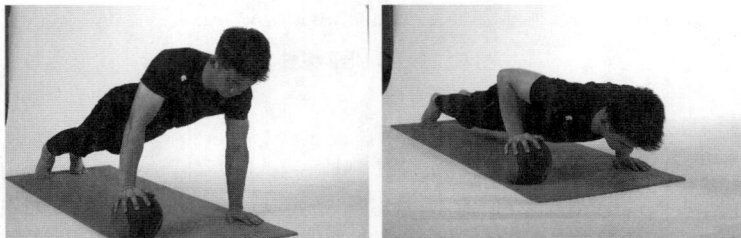

图 6-11　使用实心球的俯卧撑练习

（4）侧平板旋转练习（图 6-12）

1）使用右前臂支撑身体，做全身侧面平板姿势，将左手置于脑后。

2）缓慢朝地面方向旋转躯干、臀部和左肘，将躯干和臀部作为一个整体一起移动。

3）通过斜方肌和左肩发力进行运动，不是仅仅移动肘部。

4）缓慢恢复至起始姿势。

5）重复数次，换另一侧重复上述练习。

图 6-12　侧平板旋转练习

（5）收肌平板练习（图 6-13）

1）侧躺于右侧，使用右前臂及左脚将身体抬起，脚、膝、臀部和肩部呈一条直线。抬起右腿离地。

2）尽量长时间保持这个姿势，臀部和躯干不得下坠，骨盆不能后转，腰部也不能弯曲。

3）重复 3～5 次，换另一侧重复上述练习。

图 6-13　收肌平板练习

四、教学评价

根据测试者技能水平，参考《青少年高尔夫球运动技能等级标准与测试方法》中定距击球的测试方法设定难度适当的测试场地，并按照测试要求进行测试。

第七章 木杆技术

▲

一、内容分析

(一) 动作方法

　　木杆击球技术主要应用于四杆洞和五杆洞中距离较远的击球场景之中，目标通常是为了追求击球距离，很难像铁杆那样做到精准控制球的最终落点。在一场 18 洞的比赛中，根据球洞的长度通常会有 14 个球洞需要使用木杆在发球区击球；而在球道上使用木杆的击球通常是球员的策略上的选择。总体来看，木杆击球在比赛中的使用频率并不高，甚至是策略性的选择。但是，纵观当今高尔夫球运动技术的发展和巡回赛顶尖球员的技术特点，木杆击球的距离是其强大竞争力的基本保障。这也是本书中把木杆技术介绍排在铁杆和短杆技术之后的原因，避免运动员在练习时形成过早追求击球距离的错误认知，引导形成循序渐进的教学安排。

　　木杆主要包含：1 号木杆和球道木杆两种。1 号木杆主要用于发球区开球，球道木杆通常应用于球道上的击球，同时也会策略性代替 1 号木杆在发球区使用。

　　本书前面章节讲解的挥杆技术动作是以中铁杆为例，故下面的介绍主要对比木杆挥杆动作和中铁杆挥杆动作的差异。在教学实践中也同样会先学习铁杆击球技术动作，到达一定熟练程度后再进行木杆击球教学，挥杆动作在铁杆挥杆动作的基础上进行调整。木杆挥杆原理与铁杆完全一致，主要差别在于准备姿势与球位的摆放。准备姿势：侧面观察，主要差异在于球和球杆离开身体的距离更远、身体向前倾斜幅度略大但整体保持平衡；正面观察，主要差异在于双脚距离更为宽大、上半身整体向右侧倾斜幅度更大、右肩明显低于左肩。球位：无论是否将球架在球梯上，球位都更加偏向左脚，1 号木杆球位通常对齐左脚内侧。1 号木杆挥杆分解动作如图 7-1 所示。

图 7-1　1号木杆挥杆分解

（二）技术关键

正确合理的发力顺序是木杆击球目标达成的基本保障，正确的发力顺序在前面章节已经做了很详细的描述，此处不再赘述。在木杆技术的教学过程中，要更加强调如何更充分地激活和发挥身体旋转的力量，积蓄能量（例如：充分地引杆和身体旋转），以及在保证正确顺序的基础上提升爆发力（例如：启动下杆时下肢的爆发力）。

准备姿势和球位共同决定击球时刻的身体姿态，进而决定击球时刻身体要达到的姿态。使用木杆击时，上半身更多地向右侧倾斜以及更加靠近目标侧的球位，共同决定了击球时刻杆头已经通过了挥杆路径的最低点，并在上升期击中球，这也是通常木杆击球会选择架上球梯的原因。准备姿势和球位是为了达到击球效果的预设动作，执行一次正确的上杆和下杆会自然形成向上的木杆击球。

简而言之，挥杆平面就是从侧面观察挥杆过程中球杆在垂直面上运行的轨迹与地面的夹角关系，通常描述为陡峭的铁杆挥杆平面、扁平的木杆挥杆平面。然而，不同的挥杆平面角度、挥杆平面的形成并非是使用不同球杆挥杆时的有意为之，而是由球杆的长度和准备姿势直接决定的。所以，由长度较短的铁杆击球转向由木杆击球，挥杆平面的变化是必然的。

（三）易犯错误

1. 挥杆节奏错误

木杆击球时为了实现更远的击球距离的目标，容易不由自主地加快挥杆节奏。挥杆节奏的加快通常直接导致上杆时间压缩，身体难以形成充分的旋转，助长了身体末端环节的过度参与；进而导致上杆过程中，身体更换节无法良好地蓄力；身体末端环节的过度参与，将会进一步导致下杆过程中发力顺序的破坏和延迟释放。实则短暂的下杆过程才直接影响杆头速度，但下杆时间的减少需要在运动能力基础上强加练习才能实现。

2. 击球方式错误

对于初学者，球放置在球梯上被架高会产生向上将球"捞"起的误区，会导致在下杆过程中过早地释放杆头。这样的动作似乎对形成向上的击球是有帮助的，实则破坏了下杆过程中杆头速度形成的合理过程，导致击球时刻杆头已经开始减速；另外，主动释放杆头的动作参与直接导致击球时刻杆面指向的不可控制，导致严重的击球失误。

二、育人指向

发球区域严格说来是指后方纵深为两球杆长度、前面和两侧由两个发球区标志外缘限定的方形范围内。发球台是每一轮、每个洞开始打球的地方，最重要的礼仪就是要尊重正在发球的球员。

（一）互致问候

高尔夫球运动被称为绅士运动，球员应处处体现出绅士风度。在第一洞发球台开球之前，应主动与同组球友做自我介绍并握手问候，祝对方好运。

（二）发球顺序

在第一洞发球台，同组球友可以用协商的方式决定开球顺序。若是男女混合组，且球员均使用同一发球台，应请女士优先击球。如事先没有编排分组表，可采用抽签的方式，或是按照差点高低让低差点球员先发球。

（三）发球台标志

由于球场提供不同的发球台标志，可以让不同水平的球友同组打球。一般情况下红色发球台是供女子球员使用，白色发球台适合一般水平球员，而蓝色发球台及更靠后的发球台标志则是给具有经验的高手准备的。

（四）发球区相应规则

从发球区打球：当球有任何一部分触及发球区，或者位于发球区任何一部分的上空，这个球即位于发球区内（图7-2）。球员可以站在发球区外对发球区内的球进行击球。球员可以从放在地面上的球座上打球，也可以从地上直接打球。

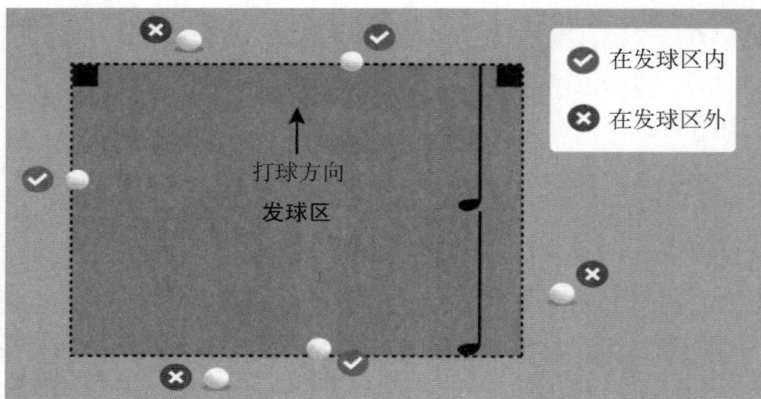

图 7-2　球何时位于发球区内

三、教学建议

(一) 教学步骤

目前,主流的高尔夫球教学体系均是将木杆的教学置于铁杆或短杆教学之后,木杆技术教学往往是在铁杆技术趋于稳定的基础之上。过于注重木杆与铁杆技术的差异和过于追求击球距离的误区,会导致学员的木杆击球难以稳定,甚至失去击球信心。木杆技术教学应当让学员理解与已掌握的铁杆技术动作的共同之处,在原有技术基础上稳步递进,而不是扰乱已掌握的挥杆技术,建议教学步骤如下:

第一步,动作调整:让学员学会如何调整准备动作和球位,以适应更长的木杆。

第二步,击球技巧:让学员理解木杆与铁杆击球的原理性差异,帮助其形成调整击球的能力。

第三步,击球成功率:多数学员对木杆的第一印象就是将球击远,而技术教学中不能过早地过度发力,导致动作变形,应当让学员优先形成稳定的技术动作从而提高击球成功率。

第四步,击球距离:待球员的挥杆技术动作稳定且击球成功率较高后,方可将球员的击球距离能力作为教学的重点内容。

教学实施过程中,要注意不同木杆的教学安排,以及球道木杆有无球梯的击球练习。然后,可进行球场上开球或球道击球的策略教学。

（二）学练方法

1. 技能学练方法

（1）挥杆声音反馈练习法（图 7-3）

反握住 1 号木杆杆身，有节奏地前后挥动球杆，保证当到达挥杆的最低点时不会击中地面。这样挥杆重量的感觉会明显减轻，会使挥动球杆变得更加轻松。挥动球杆让握把通过击球区（一般球所在的位置）时，会发出响亮的嗖嗖声音。

正确握杆，同样流畅而有节奏地挥动球杆，因为握杆处的差异，能明显感觉到杆身末端杆头的重量。尝试让球杆在相同的位置，也发出响亮的"嗖嗖"声。

图 7-3　挥杆声音反馈练习法

（2）挥过球梯通道（图 7-4）

用球梯或标志杆摆成一个通道，宽度可容纳两个 1 号木杆杆头，并在通道中央插上球梯。顺畅地摆动球杆通过通道，并让杆头扫过中央的球座。若杆头碰到两侧的球梯或标志杆，表示挥杆轨迹错误，请记下碰撞的位置，借此调整挥杆轨迹。若挥杆动作已经很稳定，杆头也不会碰撞两侧的球梯，便可在中央球座上放球。试着重复刚刚的挥杆进行击球练习。

（3）头和躯干保持在球后方（图 7-5）

拿出 1 号木杆，身体挺直，让重心平均分配到左右脚，做好击球准备姿势。让脊柱向非目标侧倾斜，这时会感觉到身体平衡在转移，将大部分重量放在非目标侧脚，确认头部和躯干保持在球后方。

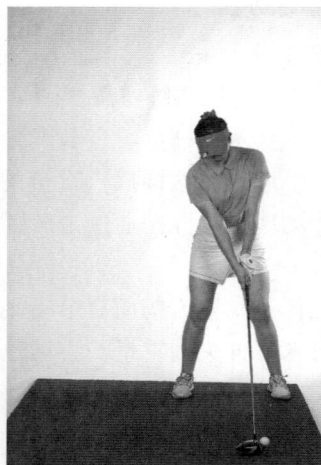

图 7-4　挥过球梯通道　　　　图 7-5　头和躯干保持在球后方

（4）木杆短握练习法（图 7-6）

采用正常握杆法握住 1 号木杆，击球准备姿势，让双手下移约 3～4 厘米，左手上方可明显看出外露的握把。

正常挥杆，体验能更好控制球杆的感觉。缩短有效杆身长度，会减小挥杆的圆弧和长度，进而降低杆头速度。在实战中，握短球杆的方式也经常被使用，通过降低挥杆速度保证更好的击球控制。

图 7-6　木杆短握练习法

（5）停在上杆的最高点

正常上杆到顶点，并暂停 1 秒钟；开始下杆的起始动作，手和手臂稍微发力引导球杆向击球方向运动，然后让杆头重力发挥作用。

（6）不同角度转体挥杆练习法（图 7-7）

1 号木杆握杆，正常站立姿势，将手臂举到身前，手的高度正好比肩膀低一些。转动身体挥动球杆，使球杆发出嗖嗖的声响。上杆时，检查重心是否转移到非目标侧，左肩是否转到下巴下方；下杆时，重心从右向左过渡并围绕身体的左侧转动身体。在直立的身体状态下，身体主动旋转变得更加容易，降低挥杆动作的学习难度。上半身向前弯曲，直到杆头大概离地 60 厘米，再用同样的方式挥动球杆。注意应正确地转移重心，感受通过击球区后球杆的离心力对手臂的拉力。采用正常的击球准备姿势，充分转体，正确地转移重心，顺畅加速挥杆向下通过击球区，杆头发出嗖的声音。

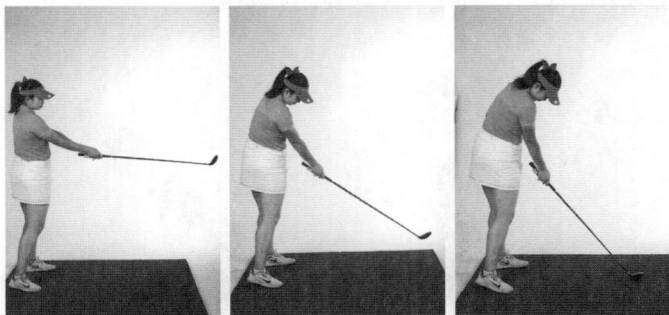

图 7-7　不同角度转体挥杆练习法

（7）目标侧脚掌踩球（图 7-8）

击球准备姿势，目标侧脚尖下方踩着一颗球，身体的重心会落在目标侧脚跟。上杆时，尝试让重心维持在脚跟；因为脚尖下方有球，如果左脚跟抬起身体会失去平衡。使用 1 号木杆做击球练习，然后把脚下的球移走，上杆时继续让左脚跟留在地面。

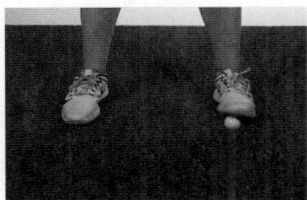

图 7-8　目标侧脚掌踩球

2. 体能学练方法

体能练习建议重复 8～12 次，需要使用阻力绳、绳索拉力器、负重的练习，刚开始时选用阻力较低的阻力绳或重量较轻的负重，完成 3 组，每组 12 次的运动。能够做到这一点后，就可以增加负重，直至完成前 11 次练习，但最后一次练习完成起来比较吃力。仅需进行身体自重负荷的练习，先完成 2～3 组，每组 8 次练习，能够轻易地完成 3 组练习后，将每组次数增加至 10 次。

（1）杠铃（杆）硬举练习（图 7-9）

1）双手握住杠铃（杆），两腿分开略宽于肩，站立。选用一个负重，完成 8～12 次，且动作不变形。

2）双膝弯曲，后背挺直，重心在脚跟上。

3）先将臀部后移，然后腰部向前弯曲。

4）下蹲直至杠铃（杆）位于双膝下方。

5）通过脚跟上推，向前收臀，恢复起始姿势。

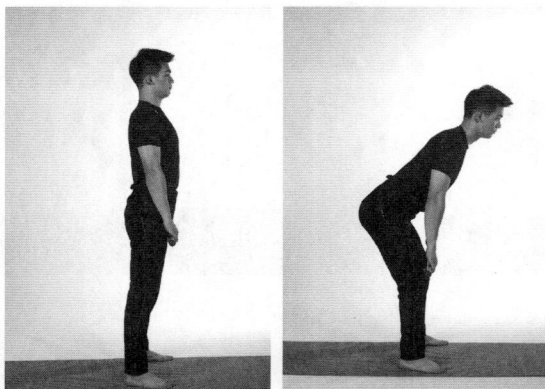

图 7-9　杠铃（杆）硬举练习

（2）博苏球上过顶扔球练习（图 7-10）

1）跪在博苏球的曲半面上，脚尖离地。

2）将实心球举过头顶。

3）保持身体的平衡和稳定，将实心球向前抛给同伴。

4）接球，重复上述动作。

（3）增强式俯卧撑练习（图 7-11）

1）双手分开与肩同宽，做出正常的俯卧撑姿势。

2）如正常俯卧撑练习那样下压身体。

3）使出全力，用最快的速度上撑，让双手离开地面。

4）着地时微屈双肘，重复上述动作。

图 7-10　博苏球上过顶扔球练习

图 7-11　增强式俯卧撑练习

（4）躺于弹力球上转体扔球练习（图 7-12）

1）躺在弹力球上，上臂置于胸部上方。

2）接住同伴抛来的球，向一侧旋转 90°。

3）旋转身体，转向同伴，当双肩垂直叠加且面对同伴时将球扔出，重复数次。

4）向另一侧旋转身体，重复上述动作。

图 7-12　躺于弹力球上转体扔球练习

（5）展臂旋转练习（图 7-13）

1）将弹力绳固定于一根杆子上，每只手握一个绳头。手臂向前伸直置于胸前，掌面相对。

2）向一侧充分旋转相应手臂及头和躯干。

3）缓慢恢复起始姿势，换另一只手臂，重复上述动作。

图 7-13　展臂旋转练习

四、教学评价

根据测试者技能水平，参考《青少年高尔夫球运动技能等级标准与测试方法》中 1 号木杆击球的测试方法设定难度适当的测试场地，并按照测试要求进行测试。

第八章　推杆技术

▲

一、内容分析

（一）动作方法

1. 推杆的握杆方式

推杆的握杆方法没有固定标准，基本原则是握杆以个人感觉自然、舒适并能很好地握住球杆将球推击入洞为主。以下主要介绍重叠式握法和双手交叉式握法（图8-1）。

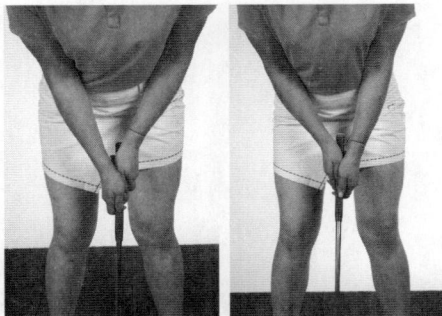

图8-1　推杆的握杆方式

重叠式握法：将左手的手掌伸开置于推杆握把的背面并斜通过手掌，弯曲手指握住球杆。以左手为基准伸开右手掌使两手的手掌相对，弯曲手指握杆，使两只手的大拇指放在握把的正前方，指向杆头。左手的食指握在右手的小手指和很无名指之间，或者伸开斜握在右手的小指、无名指和食指上。

双手交叉式握法：与反向重叠式握杆方法不同之处是将原来反向重叠式握法的左右手的上下顺序颠倒，其他不变。采用这种握杆的方式的特点是推杆时左手臂和左手腕基本固定，不弯曲。推击时左臂占主导地位，右手是辅助，被动地完成推击。

2. 推杆的站姿

推杆时双脚的站位也有几种形式。有些球员喜欢开脚位的站位，也有些球员习惯闭合的站位，但多数球员采用正脚位的站位。正脚位站位要求双脚平行站位，双脚脚尖之间的连线与肩同宽，同时保持连线与目标线平行。双脚站好以后，身体和击球时的站位一样，双肩要尽量放松，背部自然松弛，不要绷得过紧，双手自然下垂双肘弯曲贴近两侧的腹部，重心平均分布在双脚上。

3. 推杆的挥杆动作

推杆动作常被形容成是一种钟摆动作。最有效率、最稳定的推杆动作就像钟摆一样，将球杆平顺而有节奏地前后挥动，将杆头的重量转化为动能。挥动过程是顺畅、无阻力、单一方向的，没有刻意操控或是加力的现象。推杆击球和其他全挥杆击球一样，也要求身体和谐一致地进行起杆。双臂、肩膀在推杆时一致地从球后方启动上杆，双手呈被动状态。下杆时，双手握杆力量均衡，平顺地加速至击球瞬间。如果球的位置正确，会在杆头稍微上扬的阶段触击到球。杆头在通过击球区时，一定要保证手腕角度不变化，将杆头朝目标方向加速移动，送杆幅度要与上杆幅度达到相同的高度。握杆动作分解如图 8-2 所示。

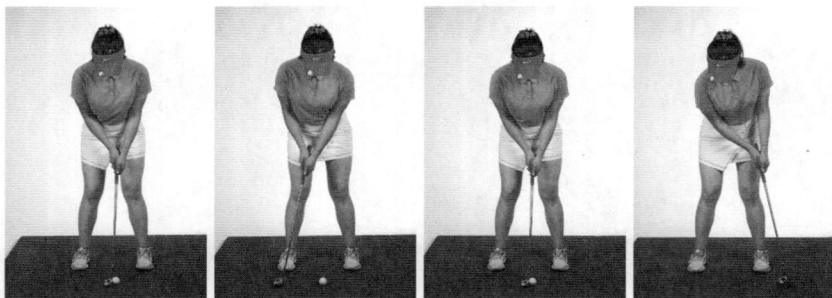

图 8-2　推杆动作分解

（二）技术关键

瞄球：双脚和身体完成站位以后，眼睛要在球的正上方，恰好在推击线上。双眼要与预定推击线形成一条直线。球的位置在正常距离时，球通常放置在靠近左脚的位置处（图 8-3）。

推击：上杆下杆推击，顺势小幅度送杆。推击时上杆由双肩和手臂来完成，手腕角度不变；下杆由双肩的转动和左手引导，右手辅助完成推击。推击时头部保持不动，双眼不要过早地去看球，推击完成后杆头要有往前送出去的过程。

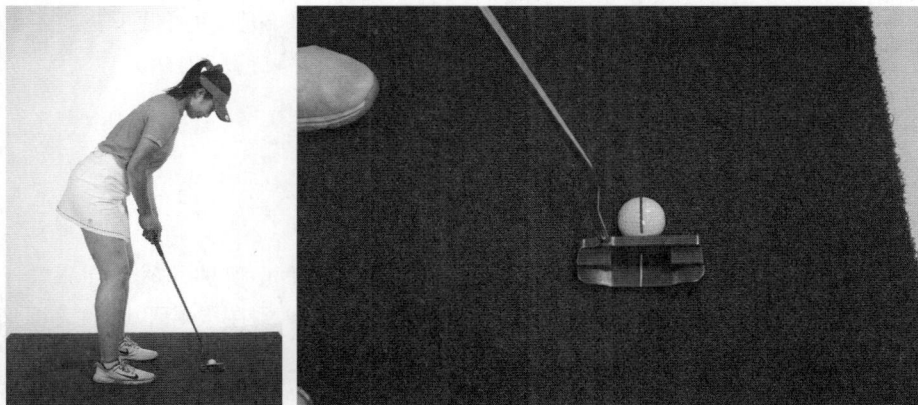

图 8-3　瞄球

　　正旋转球：与其他击球相反，一次正确的击球会形成向目标方向旋转的球。前旋是球紧贴地面向前滚动的保障，否则会出现球跳跃和滚动过程减速过快的情况。推杆杆头和动作的设计就是为了达成前旋击球。

　　果岭坡度：除了合理的推杆准备动作，还要注意所要推击的球与球洞之间的果岭的坡度变化，很多时候推击的瞄准点并不是球洞。发生这种情况主要是由于球和球洞之间的果岭有很大的坡度，因此在每一次推击前要仔细观察推击线应该是怎么样，同时还要考虑推击的方向是顺草的情况还是逆草的情况；面对上坡和下坡的推击要考虑推击的力度是不是合适。总之在掌握了基本的推击技术以后，要多多练习才能在实践中取得好的成绩。

（三）易犯错误

1. 推杆手腕动作较多

　　击球表现为击球方向和距离难以控制。动作表现为推杆击球时手腕松动、过度弯曲，击球时杆面无法保持方正以及杆头突然加速或减速造成距离失控。

2. 推杆杆头蹭地

　　击球表现为推杆击球杆头速度变慢以及球的初始方向被改变。动作表现为击球时手腕过于灵活，击球时有太多的向下击球趋势，手部动作多于胸椎旋转。

3. 推杆球位放置不合理

　　击球表现为造成球向前方跳动过多，而非滚动较多。动作表现为当球的位置太靠身体右侧时容易向下砸到球、当球的位置太靠身体左侧时容易向上挑起球，造成球向前方跳动而不是过多的滚动。

4. 头部移动

击球表现为偏离目标，动作表现为推杆过程中头部晃动或低下去，导致在推杆过程中起身、挥杆中心位置发生变化，从而导致推球失误。

二、育人指向

(一) 果岭上的礼仪

1. 悉心呵护果岭

果岭是球场草皮中最难维护的区域，理应得到悉心呵护。球员在果岭上切忌跑动，同时走动时须将双脚抬起，以免因拖曳导致在果岭平坦的表面留下划痕；绝对不能开球车或拉手推车上果岭。

2. 及时修复球下落造成的果岭表面损伤

当球落上果岭时，经常会在果岭表面形成一个下陷的凹痕，也称为果岭球痕。每个球员都有义务修复由自己的球造成的球痕。用球座尖端或果岭修理叉沿凹痕周边向中心插入并挖起，直到凹陷部分与表面平齐，然后用推杆头底面轻轻敲击压平实。

3. 不要破坏推击线

一旦球停在果岭上，就存在一条假想的从球位到球洞的推击线。球员应避免踩踏同组其他人的推击线，否则有可能影响球员推击的效果，是极不礼貌的行为，是对其他球员的冒犯。

4. 推球时保持安静

当同组球员在推球或准备推球时，除了不能走动及发出声响以外，还要注意自己的位置，应站在推击球员视线之外，同时按规则规定，不能站在推球者推击线向两侧的延长线上。

5. 照管旗杆

通常照管旗杆的工作由球童完成。正确的照管旗杆动作应是站直身体，伸直手臂握住旗杆杆身。如果场上有风，应在握住旗杆的同时抓住旗面固定。照管旗杆时还要注意自己的影子不要遮在球洞或推击线上。

6. 请勿在果岭上逗留

当最后一位球员将球推入洞后，同组球员应迅速离开，走向下一发球台，如需要通报记录成绩，可以在行进中进行，不要耽误后面组攻果岭。当打完最后一洞时，在离开果岭时球友应互相握手致意。

(二) 相应规则

由于推杆果岭是为了沿着地面击球而特别整理的区域并且在每一个推杆果岭上都有插在球洞中的旗杆。因此相较于其他球场区域有一些不同的规则适用于推杆果岭。

1. 推杆果岭上被允许或被要求的行为

高尔夫球规则允许球员做一些在推杆果岭上可以做，但通常在推杆果岭以外的地方不可以做的事情。

（1）标记、拿起和擦拭球员位于推杆果岭上的球：球员位于推杆果岭上的球可以被拿起并擦拭。在球被拿起前必须标记其位置，并且球必须被放置回初始位置。

（2）在推杆果岭上被允许改善的行为：移走沙子和松散的泥土；修理推杆果岭上由人或外部因素造成的任何损伤。

（3）当球或球标在推杆果岭上移动时：如果球员、对手或比杆赛中的另一名球员意外地移动了球员在推杆果岭上的球或球标，不受处罚。球员必须把该球或球标放置回初始位置。如果自然力导致了球员在推杆果岭上的球移动，球员必须从哪里打下一杆取决于该球是否已经被拿起并放置回了其初始位置：球已经被拿起并放置回了原位——球必须被放置回初始位置；球尚未被拿起并放置回原位——必须在球的新的位置打球。

（4）不得故意测试推杆果岭：如果在一轮比赛中，球员故意通过擦抹推杆果岭表面或滚动球来测试推杆果岭或错误果岭，球员要受到一般性处罚。

2. 旗杆

球员可以把旗杆留在球洞中或将旗杆移走（包括请他人照管旗杆并且在打球后将旗杆移走），但球员必须在击球前做出决定。

无论哪种情况，球员不得为了试图获得利益而故意将旗杆移到除了球洞中心之外的位置。如果球员这样做了并且运动中球随后撞到了旗杆，球员要受到一般性处罚。

如果球倚靠着留在球洞中的旗杆静止，如果球的任何一部分位于球洞中且在推杆果岭表面以下，该球视为进洞。

3. 球悬在球洞边

如果球有任何一部分悬在球洞边缘时，球员被允许在合理的时间内到达球洞，然后再加上 10 秒以确认球是否会掉入球洞中。

如果球在这段等待时间内掉入球洞中，则视为球员用上一次击球进洞。

如果球在这段等待时间外掉入球洞中，则视为球员用上一次击球完成击球进洞，但是必须在球员该洞的成绩上加罚 1 杆。

三、教学建议

（一）教学步骤

推杆技术动作幅度相对较小，初学者容易模仿，有不少高尔夫球爱好者的推杆技术无师自通。不重视推杆技术的学习和训练，到后期想要降低杆数，障碍重重。看似简单的动作，在比赛中往往需要准备和思考的时间最长。要引导学员对推杆技术形成正确的认知，进行系统的技术和技巧的学习，建议教学步骤如下：

第一步，动作：相对于全挥杆，推杆技术动作需要更多的身体稳定控制，正确的击球准备姿势和流畅的动作模式非常重要。让学员练习技术动作，使推杆的杆头形成稳定的钟摆式运动。

第二步，击球：选择相对平坦的果岭区域进行击球练习，要求学员推出直线球，且有充分的正旋。

第三步，距离控制：练习击球距离的控制，注意挥杆节奏和挥杆动作的调整。

第四步，果岭坡度：以击球进洞为目标，在不同坡度状况的果岭场景下进行推杆训练，建立球员对果岭坡度的阅读能力。

教学实施过程中，要注意帮助学员建立充分阅读果岭的习惯和固定化的击球流程，才能保证学员技术能力的发挥。

（二）学练方法

1. 技能学练方法

（1）杆头轨迹稳定练习

两种挥杆路径：2码之内的推杆尽量以方正杆面钟摆式直推（图8-4）；超过2码的击球则以内—方正—内的路径推杆（图8-5）。如果推杆的距离较

图8-4　杆头轨迹稳定练习（直线）

图8-5　杆头轨迹稳定练习（弧线）

长，上杆时杆头自然会稍向目标线内侧移动。错误的挥杆轨迹会导致触球方向的改变，使球产生侧旋，无法保证球稳定滚动，所以击球时保持方正的杆头是推杆的关键。

（2）保持三角形练习（图 8-6）

挥杆路径会受双肩和双臂运动的影响，如果双肩和双臂没有稳定性，同样无法准确击球。将一支球杆夹在身体前面练习推杆，以确保瞄球时双肩和手臂与推击线保持平行。保持手臂与肩膀的三角形的稳定，能充分体会到有上半身转动，用肩膀带动手臂击球。

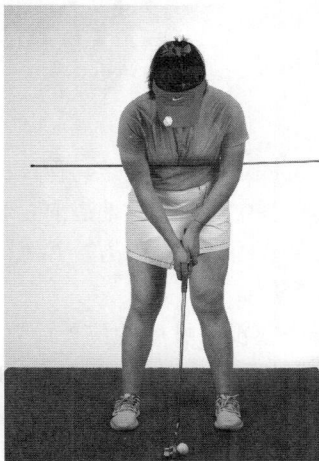

图 8-6　保持三角形练习

（3）单手推杆练习（图 8-7）

单手练习推杆可以帮助球员忘记技术动作，通过感觉来推杆。这个方法可以提高手眼协调能力。推杆时只让右手掌沿着假想的目标线运动，简单地将球推进洞。可以让右手先推 10 个球，再换左手推 10 个球，然后再双手正常握杆推球。

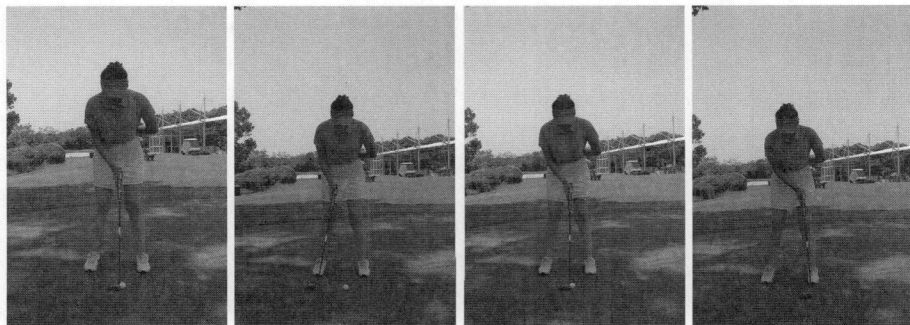

图 8-7　单手推杆练习

（4）控制杆头轨迹练习（图8-8）

在杆头的两侧放置2个球梯，先练习空推杆，保证杆头刚好从球梯边上经过，再练习推球。可以找同伴或教练帮你放置球，同时自己眼睛闭上，找到身体转动的感觉，慢慢就能掌握干净利落的推杆技术。经常使用这个方法击球，很快就能找到正确的挥杆路径。

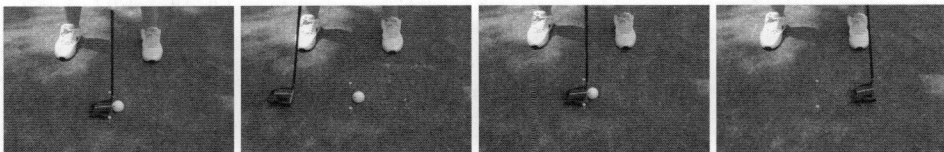

图8-8　控制杆头轨迹练习

（5）保持头部不动练习

推杆击球过程中保持头部固定是基本要求，保证杆面对准出球方向，保持身体自始至终稳定。如果推球过程中有习惯性地提前看球的习惯，建议双眼盯住球的位置，推球结束以后，保持双眼继续看下方，并等待球落入洞杯的声响。

（6）连续进洞专注度练习

选择在洞附近1～2码平整没有坡度的位置放置20颗球，最好2～3人一组。用球梯或者硬币标识球的位置，依次推进每个球，如果有一个球没有推进，那么就从第一个球开始计算，直到能连续推入20颗球。

（7）中长推过洞练习

遇到中、长推杆时，首先要考虑推球过洞，将球推过离洞口一支推杆长度的范围为宜，建议球员推球时想象洞杯直径是1码的大洞，可以减轻心理压力轻松推杆。

2. 体能学练方法

体能练习建议每组8～15次，每项练习做3组。

（1）单腿滚动练习（图8-9）

1）坐于弹力球之上，左腿与地面平行，右脚着地置于体前。

2）保持右脚、右膝和右臀呈一条直线，右脚发力使身体在球上向前移动。

3）向后滚动至起始姿势。重复数次，换另一只脚，重复上述动作。

（2）单腿飞机式练习（图8-10）

1）左脚站立，右脚离地收于体后。

2）抬起手臂，与身体形成"T"形，弯曲腰部做挥杆准备状。

3）保持左脚、左膝和左臀呈一条直线，转动躯干，先左后右。

4）保持手臂姿势不变，随躯干转动。

5）重复数次，换腿重复上述动作。

图 8-9　单腿滚动练习

图 8-10　单腿飞机式练习

（3）单腿接球练习（图 8-11）

1）左腿站立，脚尖向前，右膝弯曲，右脚离地。

2）双手将实心球抱于胸前。

3）保持直立姿势，将球从胸前抛给同伴。

4）保持运动员姿势，左膝微弯，双手接回传球。

5）重复数次，换另一只腿重复上述动作。

（4）鹤式转体练习（图 8-12）

1）右脚站立，膝部微弯，将左腿锁于右膝后。

2）做好击球准备姿势，双臂交叉于胸前。

3）尝试将上体与骨盆保持对齐，左右旋转骨盆。

4）换左脚站立，重复上述动作。

图 8-11　单腿接球练习　　　图 8-12　鹤式转体练习

（5）鹤式转弓式练习（图 8-13）

1）两腿并拢站立。

2）屈右膝，右手抓住右脚踝。

3）举左臂，指向天花板。

4）向前弯腰，直至身体与地面几乎平行。

5）保持姿势不变，呼吸 3～5 次。

6）重复整个动作 3～5 次，换另一只腿练习。

图 8-13　鹤式转弓式练习

四、教学评价

根据测试者技能水平，参考《青少年高尔夫球运动技能等级标准与测试方法》中推杆技术的测试方法设定难度适当的测试场地，并按照测试要求进行测试。

第九章 沙坑球技术

一、内容分析

（一）动作方法

1. 球道沙坑击球

由于球道沙坑一般比较浅，球在落入球道沙坑时飞行的轨迹通常是低平的，所以球陷入沙中的情况较少。此时，可以尝试用铁杆击球，选杆原则上是首先考虑面倾角能让球飞出沙坑，其次考虑击球距离并采用 3/4 挥杆幅度让节奏慢下来。球道沙坑击球动作（正面、侧面）如图 9-1、图 9-2 所示。

沙坑前沿比较高的球道沙坑，不要只是关注目标距离，应该观察目标方向场地情况，沙坑边缘是否会影响球的起飞。在选择球杆的时候只考虑击球距离而忽视了弹道的起飞角度，就会让球碰到沙坑前沿反弹回沙坑，造成更大的损失。

图 9-1　球道沙坑击球动作（正面）

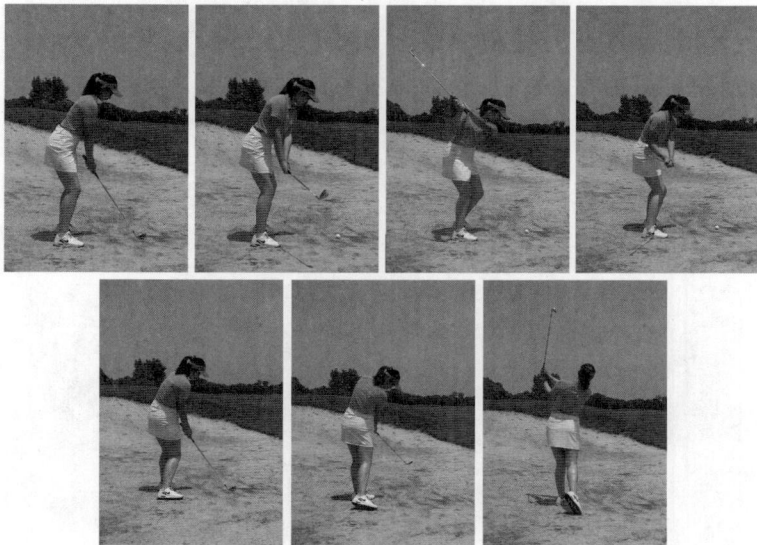

图9-2 球道沙坑击球动作（侧面）

2. 果岭边沙坑击球

瞄球时，两脚的位置大约与目标形成30°，杆头也要向右方打开30°。一方面，向外打开的杆头可加大倾角，能将球托起；另一方面，向外打开的杆头较容易滑进沙里，并且可轻易滑出，避免因杆头陷入太深导致击球失误。挥杆平面不能太过倾斜，双手手腕应避免不必要的弯曲，手臂的挥动和身体的旋转要协调一致。

（二）技术关键

1. 球道沙坑击球

保证击球准确性，握杆要握得短一些；但为了达成击球距离，要选择长一号的球杆。同时挥杆的节奏要慢一些，放松一些。在沙坑中站位时，双脚不要陷得太深，避免让球的位置比脚的位置高，人为地造成一个斜坡不仅会阻碍击球，而且会触犯规则。应当充分旋转身体避免手臂过度上抬导致挥杆过于陡立，因为陡立的击球只会让杆头深入沙中导致失误率增大。

2. 果岭边沙坑击球

站位时，通常把双脚拧入沙子里，以稳定身体重心。采取开放的站姿，身体前倾更多，双肘弯曲，与推杆时的姿势有些相似（图9-3）。球的位置通常放在中心靠目标侧，根据球距旗杆的距离，决定球距右脚的距离，通常球位越靠近右脚击球距离会越远，身体重心大部分落在左脚（图9-4）。

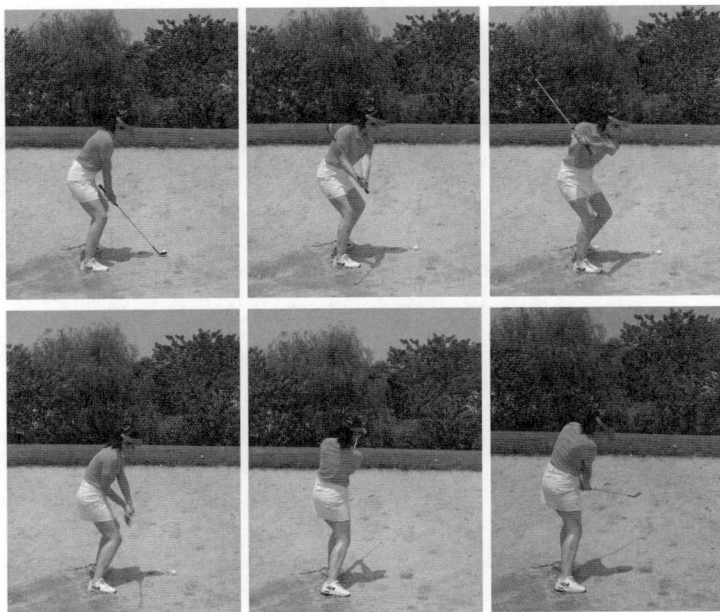

图 9-3　果岭边沙坑击球动作（侧面）

图 9-4　果岭边沙坑击球动作（正面）

（三）易犯错误

1. 杆身前倾角度太过

击球表现为打厚。动作表现为下杆时扣杆面，会使杆头陷入沙里，而导致打厚。

2. 初始杆面未开放

击球表现为击球距离短于预期。动作表现为击球时杆头难以从沙子中迅速滑出，导致杆头速度迅速下降，难以通过沙子加速将球拖出沙坑。

3. 用切杆方式打沙坑

击球表现为打薄或打厚。动作表现为在上杆的时候立腕幅度太小，容易产生扫击的方式，造成击球位置不准确。

二、育人指向

（一）沙坑球礼仪

1. 正确处理削起的草皮断片和打痕

在球道击球时杆头常会削起一块草皮，这是十分正常的，是击好球的表现。每次击球后，在离开之前将草皮断片捡起放回原位打痕上，再轻轻踩一踩，以帮助草皮重新生长。修复打痕的首选方法是将混合了草种的沙子填在打痕中然后踩平。

2. 寻找遗失球

如果你将球打入树林或深长草后感觉很难找到，先拿出另一个球打暂定球。在寻找遗失的初始球时，规则规定最多只能用 3 分钟。

3. 沙坑中打球

从沙坑较低的最靠近球的一侧进入，不要从高的一侧爬下，因为沙坑较高的边缘不容易维护，一旦塌陷会很难修复。在进入沙坑时事先将沙耙放到离球位近的、容易拿到的位置。

由于规则禁止在击球前"测试障碍区状况"，所以不能用手抓或脚踢的方式，来测试沙子的干湿和软硬程度，更不能在击球之前让杆头碰到沙子。但可以让双脚深陷进沙子以获得稳定站位。

当在沙坑打完一杆（或几杆）后，用球场提供的沙耙将沙坑中留下的所有痕迹包括球痕打痕和脚印耙平。注意应沿原先进来的路线走出沙坑。

离开之前将沙耙放在沙坑外，让沙耙的长把与球道平行。球员在离开沙坑时必须确保沙坑表面已经耙平，以便为后来的球员创造良好公平的打球条件。

（二）沙坑相应规则

1. 沙坑

沙坑指的是一个经过特别整理的区域，是由沙子构成的区域。

图 9-5 列举了球在沙坑内和不在沙坑内的情况。当球任何一部分触及沙坑边沿以内地面上的沙子，球即位于沙坑内。

如果球位于沙坑边沿以内的泥土、草或其他生长着的或连接着的物体之上而且没有触及任何沙子，则球不属于在沙坑内。

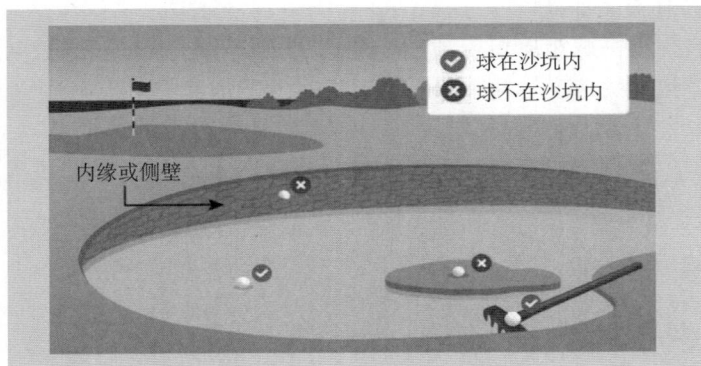

图 9-5　球位于沙坑内的界定

2. 打位于沙坑内的球

（1）移走散置障碍物和可移动妨碍物。

（2）沙坑内触碰沙子会受到处罚的场合：故意用手、球杆或沙耙测试沙子；在紧靠球前或球后的区域用球杆触碰沙子；在试挥杆的时候；在为了击球上杆的时候。

违反本规则的处罚：一般性处罚。

3. 沙坑内触碰沙子不会受到处罚的场合

（1）为了试挥杆或击球而采取站位时将双脚拧入沙子中。

（2）出于保护球场的目的平整沙坑。

（3）把球杆、装备或其他物体放在沙坑内。

（4）测量、标记球、拿起球、把球放置回原位等行为。

（5）休息时、保持平衡时或防止摔倒时倚靠球杆。

（6）出于沮丧或愤怒而击打沙子。

但如果球员触碰沙子的行为改善了击球环境，球员将受到一般性处罚。

三、教学建议

（一）教学步骤

球道沙坑击球应制订好击球策略，挥杆和击球与正常挥杆几乎没有差异，在此不再赘述教学步骤。以下主要介绍果岭边沙坑救球的教学步骤建议。正常的击球是杆头直接触球，而沙坑击球的难度就在于要通过击打沙子间接地向球传导力量。学员应该首先改变击球的思维，再形成杆头从沙子中滑过的感觉，建议教学步骤如下：

第一步：练习击打沙子，让沙子飞出沙坑。

第二步：尝试击球，让球飞出沙坑，力求脱困。

第三步：通过控制击打沙子的力量，尝试控制击球距离，设定练习击球目标由近到远。

第四步：尝试击打陷入沙坑程度不同的球，力求脱困。

第五步：结合球场上沙坑周围情况，实战练习。

沙坑救球对于初学者来说难度过大，其击球质量难以控制。教学实施过程中，要引导学员先将球从沙坑中脱困，而不是过度地追求进攻旗杆，导致挥杆技术动作难以稳定施展。

（二）学练方法

1. 技能学练方法

（1）右手挥杆击沙（图 9-6）

沙坑击球准备姿势，单手挥动球杆将杆头"丢"进沙里。此时，要让手臂伸直，同时做出释放手腕的动作。尝试利用球杆的反弹角让杆头从沙子里滑过，而不是让杆头过多地陷入沙子。挥杆完成后会在沙子上留下一道浅平的打痕。

图 9-6　右手挥杆击沙

（2）沙堆练习（图 9-7）

先在草地进行劈起球练习，选择 30 码外的击球目标。然后，在沙坑里堆一个小沙堆并把球摆放在上面，练习击出沙堆上的球。注意对比两种不同击球方式的加速度和挥杆幅度。

图 9-7 沙堆练习

（3）倾听正确的声音

击球准备姿势，保持杆面方正进行空挥杆击沙练习，就像要把沙子击向目标一样。因为杆面未打开，杆头会更加锋利，容易陷入沙子更多，杆头会被降速或者打出过量的沙子。这都会导致球杆到球的能量传递效率大大降低，甚至会导致球无法顺利飞出沙坑。然后，采用开放式杆面来挥杆，由于杆头底部反弹角的原因，杆面能够顺畅地从沙子中滑过，留下浅浅的痕迹。这样的挥杆将会保证能量高效传递到球上，把球成功救出沙坑。

（4）画线练习法

用杆柄在沙坑里画一条 5 码左右的直线，使其与目标线垂直。在直线的目标侧保持一定间距摆放 5 颗球。击球准备双脚分跨直线两边，挥杆尝试将杆头从画线处入沙。依次完成击球，观察杆头是从何处入沙，从何处出来的。通过反复练习，要尽量保证每一击球都能从画线处入沙，而且在沙坑上留下的击球痕迹指向目标或者稍稍偏左。

（5）打水漂儿

拿一颗小石头，朝着水面打水漂儿。注意观察，当你的身体打开摆动右手把石头以平直的抛物线丢出后，抛石头的手臂会往回收同时右肩也跟着往下转，移动到下巴的下方。尝试多次练习该动作，体会用手和转身是如何配合的。

2. 体能学练方法

体能练习建议每组 8～15 次，每项练习做 3 组。

（1）弹力球上直腿抬体练习（图 9-8）

1）仰卧，两腿伸直，将脚后跟置于弹力球的顶部。

2）收臀肌，提臀，用脚跟下压球体。

3）缓慢放下身体恢复起始姿势。

4）重复数次。

图 9-8　弹力球上直腿抬体练习

（2）博苏球跪姿投掷实心球练习（图 9-9）

1）将博苏球球面朝上放置，跪于其上。

2）抬起双脚。

3）屈肘抱实心球与胸同高。

4）将实心球投掷给站在前方的同伴。

5）接球，重复上述动作。

图 9-9　博苏球跪姿投掷实心球练习

（3）抬膝反向弓步练习（图 9-10）

1）右腿单腿站立，屈左膝成 90°，左大腿与地面平行。

2）向身体后方伸直左腿，脚着地。

3）将左膝垂直放下，接近地面。

4）通过右脚跟发力，恢复起始姿势。

5）重复数次，换另一只脚重复上述练习。

图 9-10　抬膝反向弓步练习

（4）腘绳肌卷曲练习（图 9-11）

1）躺下，两腿伸直，将脚跟置于弹力球的顶部。

2）脚跟向下压球，提臀。

3）保持提臀姿势，屈膝将球滚向臀部。

4）再次伸直双腿，重复上述动作。

图 9-11　腘绳肌卷曲练习

四、教学评价

根据测试者技能水平，参考《青少年高尔夫球运动技能等级标准与测试方法》中沙坑救球的测试方法设定难度适当的测试场地，并按照测试要求进行测试。

第十章　特殊球位的处理

▲

一、内容分析

（一）动作方法

1. 上坡球位

上坡球位指球位于相反于击球目标方向倾斜的坡面上。如果按照在平地球位做准备姿势时，双脚是左高右低，杆身会后倾，杆面会朝上偏左（图10-1）。

图 10-1　上坡球位击球

由于斜坡增加了击球时的杆面角度，所以球的飞行弹道更高同时距离也会更短。因此，选杆时应选用较正常情况下大一到两个号的球杆。上坡球位时，相对正常击球时杆面会朝上偏左（即杆面关闭），故瞄球时身体指向目标的右侧。同时，脊柱尽可能与坡面呈垂直状，让肩膀与坡面平行，重心置于右腿（图10-2）。挥杆时为了保持身体平衡，通常采用3/4挥杆幅度并沿着坡面向上杆。

2. 下坡球位

下坡球位是指球位于向击球目标方向倾斜的坡面上。如果按照在平地球位做准备姿势时，双脚是左低右高杆身会前倾，杆面角度减少且杆面方向偏右（图10-3）。

由于斜坡减小击球时的杆面角度，所以球的飞行弹道更低同时距离也会更远（低飞，落地后滚动距离相对较远）。因此，选杆时应选用较正常情况下小一到两个号的球杆。下坡球位时，击球时杆面会偏右（即杆面开放），故瞄球时身体指向目标的左侧。同时，脊柱尽可能与坡面呈垂直状，让肩膀与坡面平行，重心置于左腿（图 10-4）。为了保持身体平衡采用 3/4 挥杆幅度，并沿着坡面向下挥杆。

图 10-2　上坡位准备姿势

图 10-3　下坡球位击球

图 10-4　下坡位准备姿势

3. 球高脚低

当球处于比双脚高的坡面上时，就被称为球高脚低的球位。球的水平高度提升，导致球离球员的身体较近。进而容易形成偏向左侧的球飞行轨迹，所以瞄准时应偏向目标右侧。选杆时应选用较正常情况下小一号的球杆。如果是在果岭附近的上坡球位，通常是将握杆握短些。球高脚低时，击球时杆面会偏左，瞄球时身体指向目标的右侧。身体重心要靠近脚趾方向，以抵消坡面对站位平衡的影响（图10-5）。为了保持身体平衡，采用3/4甚至更小幅度的挥杆。

图 10-5　球高脚低准备姿势

4. 球低脚高

当球处于比双脚低的坡面上时，就被称为球低脚高的球位。相对前面三种球位而言，这种球位是最难的。由于球的高度相对降低，导致球离球员的身体较远。进而容易形成偏向右侧的飞行轨迹，所以瞄准时应偏向目标左侧。选杆时应选用较正常情况下大一号的球杆。球低脚高时，击球时杆面会偏右，故瞄球时身体指向目标的左侧。身体重心要靠近脚跟方向，以抵消坡面对站位平衡的影响（图10-6）。为了保持身体平衡，采用3/4甚至更小幅度的挥杆。

图 10-6　球低脚高准备姿势

(二) 技术关键

1. 上坡球位

在上坡球位，正常站位挥杆时容易打深，因此可以顺着坡势调整站位，同时依据坡势往上挥杆。由于身体的重心靠右脚，相当于向后站，挥杆最低点也会更靠后。准备姿势时，球也需要靠后，即靠近右脚，以便扎实地触球。一边高一边低，容易出现站不稳的现象，可以通过加宽站位，降低身体重心的高度，减少挥杆幅度，有助于保持身体的平衡。

2. 下坡球位

正常站位时，挥杆时容易先打地后触球，因此可以顺着坡势调整站位，一定要沿坡度挥杆。由于身体的重心靠左脚，相当于向前站，挥杆最低点也会更靠前。因此，准备姿势时，球也需要靠前，即靠近左脚，以便扎实地触球。一边高一边低，容易出现站不稳的现象。可以通过加宽站位，降低身体重心的高度，减少挥杆幅度，有助于保持身体的平衡。

3. 球高脚低

与正常站位不同，斜坡坡度会让身体身后倾斜，需要膝盖多弯一点儿，这样胸的位置会抬起来，挥杆平面变浅平，能沿着坡面挥杆。斜坡让杆头上翘，球会往左飞，所以把球位放得靠近右脚，来抵消球往左飞的影响。小球离身体较近，因此握杆也要稍短一些。

4. 球低脚高

要在击球时保持平衡，需要轻松地挥杆。例如用 3/4 挥杆，小幅度的挥杆更容易保持平衡。站位要更宽，膝盖也要更弯一些，让下盘更平衡，将更多的重量放在脚跟。挥杆平面变得更陡，容易产生从外到内的挥杆，球会弯到目标右侧。因此，瞄准时要往左一些，抵消球往右飞的影响。

(三) 易犯错误

1. 忽略准备动作的调整

缺乏经验的初学者在面对上述四种特殊球位击球时，往往忽略击球准备动作的调整，导致严重的击球失误。而且，还会把原因归咎于挥杆动作，过多思考挥杆动作并做出不合理的调整，进而使球员在技术和心理上都产生缺乏信心的状态，并产生连锁反应造成更大的成绩损失。在特殊球位击球准备时，对准备姿势进行适应性的调整，在保证挥杆动作质量的情况下可以有效提升击球成功率和可控性。这种错误通常是球员对特殊球位击球的认知误区导致的，需要理解方法并在实战中积累足够的经验才能有效规避。

2. 忽略挥杆动作的调整

上述四种特殊球位是因球所在位置的地形变化所致，在与大自然结合紧密的高尔夫球场上随处可见，也是球场的重要难度指标之一。地形坡度的变化直接导致球员难以完成一次完整的挥杆动作，对于缺乏经验的初学者来说更是增大其失误率，难以洞察到该球位状况下身体在挥杆过程中发生的细微变化，通常出现难以保持平衡、身体转动幅度受限以及无法形成正常发力顺序的情况。解决这种错误需要球员调整挥杆节奏、策略性地选择球杆并控制上杆幅度，这不仅仅是球员认知的问题，也考验球员挥杆的基本功底，能否有效控制挥杆节奏和幅度。

二、育人指向

高尔夫球运动中最大的敌人是自己，能有效考验人的意志力。在面对棘手问题时，除了拥有基本的素质与技巧之外，良好的心态与坚定的意志尤为重要。它时刻挑战着球员的心理、心智、耐力、意志和体能，在不可预测的不适环境中，激发球员成长的力量，进而获得更出众的身体条件和运动能力、稳定的心理素质、坚定的意志品质、沉稳的大将风范和良好的思维习惯，获得性格、修养、品位、智商和情商的全方位提升。

（一）异常球场状况（包括不可移动妨碍物）

高尔夫球规则允许对动物的洞穴、整修地、不可移动妨碍物或临时积水构成的妨碍采取免罚补救。

1. 允许补救的场合

当出现以下任何一种情况时，妨碍即存在：

（1）当球触及或位于异常球场状况之内或之上；

（2）当异常球场状况客观妨碍了球员的预计站位区域或预计挥杆区域；

（3）仅当球位于推杆果岭上时，该推杆果岭之上或之外的异常球场状况介于打球线上。

图10-7中假设是一名右手球员。当球触及或位于异常球场状况（包括不可移动妨碍物，如B1）之内或之上，或该状况妨碍了球员的预计站位区域（B2）或预计挥杆区域时，球员可以采取免罚补救。B1状况的最近完全补救点位于紧邻异常球场状况的P1点。对于B2，最近完全补救点位于P2点，由于站位必须脱离异常球场状况的妨碍，导致该点距离异常球场状况较远。

2. 球位于普通区内的补救

如果球位于普通区内，并且受到了位于球场上的异常球场状况的妨碍，球员可以采取免罚补救，按照图10-8所示抛初始球或另一个球。

球员应当标示出最近完全补救点的位置，在补救区内抛一个球，并使球静止在其中。

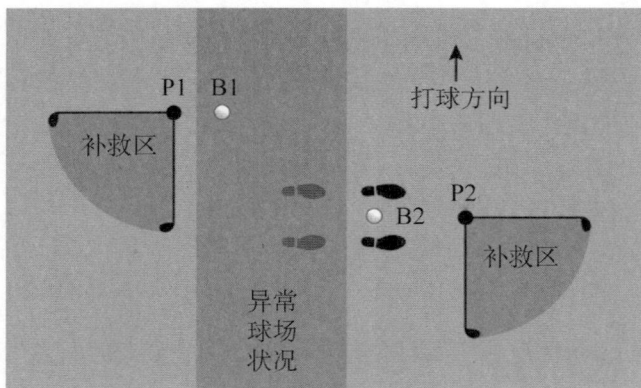

图 10-7　对异常球场状况的补救

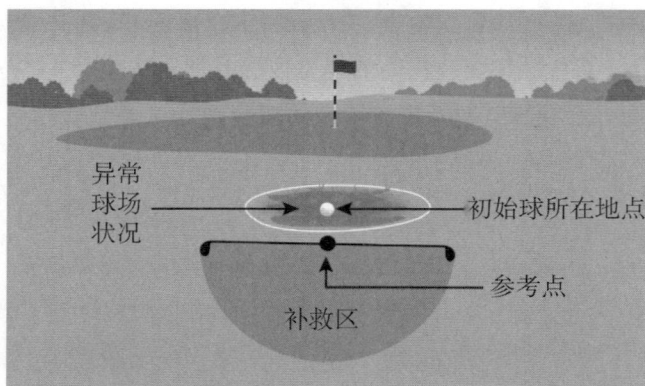

图 10-8　位于普通区的异常球场状况的补救

参考点：最近完全补救点。

补救区的范围：从参考点测量一个球杆长度，不得比参考点更靠近球洞，并且必须在普通区内。

注意事项：球员必须对因异常球场状况构成的所有妨碍采取完全补救（即不能补救完之后还受到妨碍）。

3.球位于推杆果岭上的补救

如果球位于推杆果岭上，并且受到了异常球场状况的妨碍，球员可以采取免罚补救，如图 10-9 所示放置初始球或另一个球。

图 10-9 假设是一名左手球员。当位于推杆果岭上的球受到异常球场状况的妨碍时，球员可以采取免罚补救，把一个球放置在最近完全补救点上，最近完全补救点必须在推杆果岭上或普通区内。

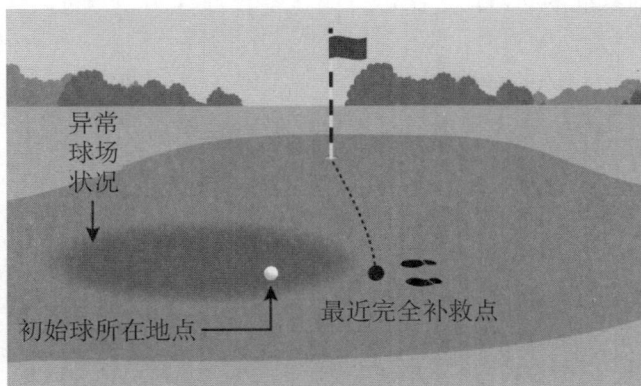

图 10-9　位于推杆果岭上的异常球场状况的免罚补救

4. 未找到球员在异常球场状况之内或之上的球时的补救

如果未找到球，并且知道或几乎肯定该球静止在球场上的某个异常球场状况之内或之上时，球员可以按照上文普通区或推杆果岭的规则采取补救。

（二）陷入地面的球

只有当球位于球员上一次击球造成的落痕内，并且球体有一部分低于地面高度的时候，球才陷入地面。

1. 允许补救的场合

只有当球在普通区内陷入地面的时候（图 10-10）才允许补救。

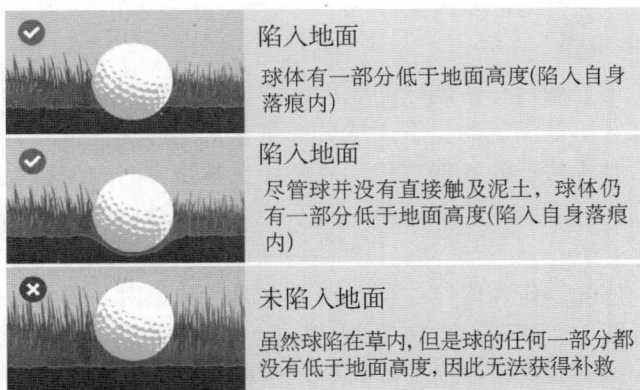

图 10-10　球是否陷入地面

例外，不允许对普通区内陷入地面的球采取补救的场合：球陷入普通区的沙子中，且该区域的草没有修剪至与球道草高度相同或更短；陷入地面以外的其他任何状况的妨碍使这次击球明显不合理（例如球员因球位于灌木中而无法击球）。

2. 陷入地面的球的补救

当球在普通区内陷入地面时，球员可以采取免罚补救，如图 10-11 所示抛初始球或另一个球。

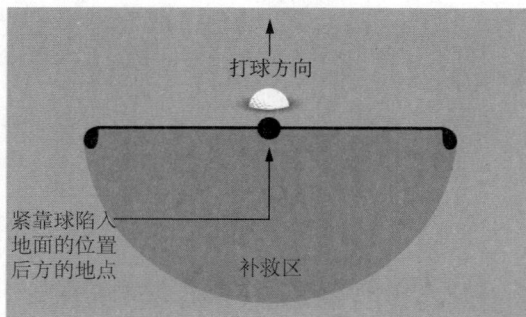

图 10-11　陷入地面的球的免罚补救

当球在普通区陷入地面时，球员可以采取免罚补救。参考点为紧靠球陷入地面位置的正后方的点，球必须被抛在并静止在补救区内，补救区范围从参考点测量一个球杆长度，不得比参考点更靠近球洞，并且必须在普通区内。

当球陷入地面而无法进行辨认时，球员可以通过先标记球的位置，再拿起球查看是否允许进行补救。

三、教学建议

（一）教学步骤

特殊球位的处理旨在实现球的脱困或者尽量接近目标位置，只要达成预期效果，方式并不是固定的。不少球员都是在长期球场实战中，形成了个性化的符合挥杆技术特征的处理方式。故设计教学步骤时，应以教授符合基本击球原理的通用性方法为基本思路，而不是针对某种固定打法的教学，建议教学步骤如下：

第一步，感知体位和球位：当遇到有坡面的球位时，要将身体重心合理地分配到两只脚上，调整重心来适应球位。

第二步，调整方向：根据坡度的变化调整身体的瞄准体系，建立坡度大小与方向调整幅度的对应关系，形成属于自己的调整体系。

第三步，简化打法：减少身体的旋转，维持身体重心的均衡和正常的挥杆节奏，控制挥杆幅度，同时减少挥杆过程中重心的转移。

第四步，击球策略：结合坡度状况和目标距离设计合理的击球策略，让学员形成评估进攻或防守击球策略的能力。

教学实施过程中，充分运用坡度大小和击球目标距离的变化，让学员建立特殊球位差异的感知，难度递进，逐步形成符合学员技术特征的处理方式。

（二）学练方法

1. 技能学练方法

（1）坐椅挥杆法（图 10-12）

球员背挺直坐在椅子上，双臂与地面平行正常自然握杆，挥动球杆。练习目的：帮助球员建立上杆时的正确转身顺序。送杆时维持这种坐直的状态，以帮助形成正确的上半身回转动作。

图 10-12　坐椅挥杆法

（2）影子法（图 10-13）

背对着太阳做出正常的上杆，球员专心看着下杆时头部的侧边线，确定在下杆启动时头并未往前移。练习目的：确认身体是否围绕中心正确旋转。

图 10-13　影子法

（3）设定击球动作法

教练帮助球员从准备动作直接变换为击球时的身体姿势，让球员对比二者动作差异和用力方式（图 10-14）。练习目的：通过静态的动作设定，让球员理解击球时动作的特征，为建立正确的挥杆时序打好基础。

图 10-14　设定击球动作法

（4）两脚靠拢法（图 10-15）

两脚靠拢而立，用中铁杆做出适度的挥杆。如果能保持正确的握杆及放松的手臂，球杆将可从上杆流畅地变成下杆，且也可以保持身体平衡。练习目的：避免不必要的身体动作，促进双手、双臂及身体协调挥杆。

图 10-15　两脚靠拢法

2. 体能学练方法

体能练习建议每组 8～15 次，每项练习做 3 组。

（1）使用弹力绳进行侧向行走练习（图 10-16）

1）将弹力绳上的脚踝铐分别铐住两个脚踝。

2）站立，两脚大致与肩同宽，微屈臀部和膝盖，保持后背挺直。

3）用力向右侧迈步，保持两脚指向前方，后背挺直。

4）缓慢将左脚向右侧移动，恢复起始姿势。

5）重复数次，然后向左移动，恢复至起始位置。

图 10-16　使用弹力绳进行侧向行走练习

（2）深蹲练习（图 10-17）

1）站立，两腿距离大于肩宽，两脚外翻 45°。

2）向后压低臀部，同时向前伸直手臂与肩同高。

图 10-17　深蹲练习

3）下蹲后，后背挺直，膝盖置于脚部正上方（下蹲时不能将膝盖内收）。

4）尽量压低身体，使大腿与地面平行。

5）重复数次。

（3）使用弹力绳进行坐式划船练习（图 10-18）

1）将弹力绳绕着一个固定物体，每只手抓住弹力绳一头。坐在弹力球上，保持背部挺直，屈膝，脚跟着地。

2）伸直肘部，轻轻将肩胛骨向一起收缩并向下挤压。

3）缓慢屈肘，向两侧移动，同时保持身体稳定。

4）恢复起始姿势。

5）重复数次。

图 10-18　使用弹力绳进行坐式划船练习

（4）三头肌斜向伸展练习（图 10-19）

图 10-19　三头肌斜向伸展练习

1) 以挥杆准备姿势站立，左手抓住头部右上方的阻力带。

2) 肘部充分弯曲，指向右脚趾前方。

3) 保持上臂不动伸直肘部，向地面方向下拉阻力带。

4) 保持上臂不动，缓慢恢复起始姿势，重复上述动作。

5) 重复数次，换另一只手重复上述动作。

（5）半侧平板臀部练习（图 10-20）

1) 使用左前臂和左膝支撑侧躺。右腿悬空，与地面平行。身体从头至臀部再至下方脚膝部呈一条直线。

2) 坚持 10 秒钟。

3) 将右腿放下，再恢复到与地面平行位置，重复 2～10 次。

4) 右腿恢复悬空并保持这个姿势。右臀向地面方向移动约 2.5 厘米；肩部不要移动。再次提臀，重复数次。

5) 换另一侧，重复上述动作。

图 10-20　半侧平板臀部练习

四、教学评价

根据学习水平选择难度及坡度适宜的球高脚低、球低脚高、左脚高右脚低、右脚高左脚低四种球位，进行击球测试。测试要求可根据学习水平设置由易到难的"脱离困境""保证击球方向并脱困""保证击球距离和方向并脱困"的击球测试场景。

第十一章　实战技术

▲

1. 临场前的准备

高尔夫球员在平时练习或比赛开始前，都应做相应的热身运动。通常球员都需要做至少 20 分钟的有氧热身运动来提升肌肉的温度，加速神经的传导作用，增加神经肌肉感受器的灵敏度，提高神经肌肉间的协调作用，以满足击球时的各种姿势需要。一般情况下，最好先做 5 分钟左右的舒展运动，接着练习中低强度的击球动作，并逐渐将练习强度增加。适当的热身运动，不仅可以提高神经、肌肉及心血管系统的功能；最重要的是，正确而充分的伸展运动可以有效地预防肌肉韧带及其他结缔组织的运动伤害。

肌肉的弹性，取决于其中的血液饱和度，当肌肉中的血液饱和度较低时，韧带往往比较容易拉伤。通过牵拉伸展肌肉，能增快肌肉和韧带的血液循环，消除肌肉组织之间的黏滞性，增加它们的伸展能力，提高击球质量。打完球后也做一些伸展运动，舒展肌肉疲劳和肌肉的紧张、僵硬，促进肌肉生理功能的恢复。

因此，无论是专业球员还是一般高尔夫球运动健身者都应该懂得伸展运动的原理，并养成运动中和运动后做伸展运动的良好习惯。

2. 发球区实战技术与策略

（1）打球方向控制

发球的方向控制：架球梯位置发球，在每一洞都是一个开始。根据风向和球道走向的不同，在发球台上选择从靠左侧或靠右侧开球，是很重要的。如果风是从右侧吹来，那就要靠发球台右侧开球，这样就能凭借风势顺利打上球道，相反，如果风是从左侧吹来，将球架在发球台左侧开球，球向右侧飞行的距离比较大。如果球员总是出现右旋转球时，可以选择把球架在发球台右侧，但目标对准球道左侧，这样击出的球起初是飞向球道左侧，但在自身的旋转作用下，球会返回到球道中央。反之，当球是向左旋转时，应当把球架在发球台左侧，目标对准球道右侧。

风向正常使用木杆时，球会架在高出杆头半个球的位置。如果顺风，球可以适当架高，越超过杆头三分之二球的位置，这样球会打得更高，借助风力可以飞得更远。如果逆风，球会架在和杆头齐平的位置，这样打出的球仰角度不会很高，飞行弹道较低，对距离的影响也可以降低。

（2）发球区高于球道或球洞区时

若是发球区高于球道或球洞区时，应使用 1 号木杆，这样既可以充分发挥球在空中的飞行能力，也可以利用下坡地形使得球得到较大的滚动距离。但是有一点需要注意，一般人在打这种球时，常常将球道上的某一点作为目标，在这种心理作用下，很容易在下挥杆时不由自主地向上耸左肩，这种错误动作会造成失误球，使杆头打在球后面的地面或球的顶部。

（3）发球区低于球道或球洞区时

当发球台低于球道或球洞区时，如果球的弹道低，球在空中飞行距离短，滚动距离又不能得到充分发挥，就会影响击球的总距离。若能打出较高弹道的球，这样既可以充分利用球在空中的飞行距离，又可以相对减少球落地后滚动距离的损失。

（4）有障碍区或界外区时

如果开出的球有可能进入障碍区和界外区，通常会对人的心理造成很大压力。面对这种情况，最好不要冒险，尽量放松心情。在开球时，注意力要永远集中在你希望球落在球道的什么位置，而不是将注意力留在障碍区和界外区上。如果球道的右侧有障碍区和界外区，应尽量将球架在发球区的右侧，瞄准把目标选定为球道偏左侧的区域，这样将最大可能地避免球飞向右侧。

3. 球道区实战技术与策略

（1）不同球路

要想让成绩有所提升，必须先掌握在各种不同的情况下击球的技巧，让球能够如自己所愿地飞向目标。也就是说，我们必须具备打各种球路的能力。高尔夫球的完美路线，并不是直球、小右曲或小左曲，而是学会在策略上创造更大的击球容错率。

右旋球的打法：如果要打右旋球，应选择球位偏向右脚，身体向左开放。开放的程度随所需要的球的旋转程度调整。若需要较大幅度的右旋球，则开放程度稍大一些，反之则小一点。球杆杆面，仍然朝向目标方向。这样在下挥杆时，球杆杆头从右前外上向左后内下形成斜向的由外向内的运动，即下挥杆轨迹与球的飞行方向呈从右前向左后的交叉。这样，在杆面非正向运动的作用下，球受到侧旋力的作用而成为右旋球。

左旋球的打法：打左旋球，与打右旋球的原理是一样的。要采用球位偏向左脚，两脚连线稍向球的飞行目标线的右侧，球杆杆面朝向飞行目标线。在下挥杆时，杆头从右后内上向左前外下形成斜向的由内向外的运动，即下挥杆轨迹与球的飞行目标线成从右后向左前的交叉。这样，球在侧旋力的作用下成为左旋球。

低平球的打法：要使球从树中间或较低的树冠下穿过或遇强逆风时，一般要打较低的球以保证安全。打低球时，一般使用杆面倾角较小的球杆，通常使用木杆或长铁杆。这样击球时由于较小的杆面倾角的关系，可以减少球的上升角度，使球的飞行弹道低而平，避免碰到障碍物。站姿要采用直角站姿，球的位置要较一般正常站位时靠近右侧一些，球的位置基本上位于站位的中央，而不是在左脚脚跟的前方线上，这是打低平球的关键所在。

高弹道球的打法：要使球越过树木或其他较高的妨碍物时一般打高球。打高球时，因为有一定的冒险性，所以首先必须根据树或妨碍物的高度和球与树木之间的距离，判定球是否确实有可能越过去，然后确定球的飞行高度。打高球时，毫无疑问以使用杆面倾角较大的短铁杆最为理想。特别是球距离树木较近时，必须选择杆面倾角较大的球杆；但球距离树木较远时，就必须既要打出一定的距离又要打出一定的高度，也就是说不得不使用杆面倾角较小的中铁杆甚至长铁杆。准备时，球的位置与正常挥杆时一样，处于左脚脚跟正前方线上。使杆面稍向后仰，增大杆面倾角，重心较多地由右腿支撑。上挥杆时，使肩充分回转，采用直立式挥杆。在下挥杆时，带着做较高结束动作的意识使杆头从球的位置扫过，这样在击球准备时已经人为地增大了杆面倾角，再加上由于体重偏于右腿而造成的使球上升的挥杆动作，自然而然地就会加大球的飞行高度。

（2）不同区域

长草区的草与球道的草相比要长很多，往往很难打出好球，所以在球进入长草区之后，首先应该考虑如何尽快使球"脱困"，即如何将球打上球道。

1）浅长草区内的短打。草叶的阻抗能力作用和击球瞬间球杆杆面与球之间草叶的介入，使球在飞出后的倒旋减少，从长草区中打出的球滚动距离较长，在打球之前要确认球所在位置的状况（长度、硬度、朝向性）球的位置状态（是浮在草叶上还是沉入草叶中）以及球洞区及其周围的情况，如果球洞区位于较低的位置，则这种球很难打。选择球杆要用特殊铁杆——劈起杆或沙坑用杆，有利于保证球的弹道高度。

站姿要采用右奔站姿，球的位置靠近站位的中央，挥杆击球以尽量将球打高些，减少其滚动距离为目的，在选择杆面倾角较大球杆的基础上，击球准备时将杆面略打开以增大倾角，保证弹道高度。球杆一定要用力握紧，后摆杆时动作不必过大，不像通常后摆杆时那样低而长地向球的后方引杆，而是较早地使杆头向身体的右上方运动，身体较小的转动，主要依靠手臂动作挥杆，下挥杆时以手臂带动球杆向下运动，但不像是通常挥杆那样进行扫击式挥杆，而是采用略呈砸击式的击球方法。

2）浅长草区内的长打。一般认为，在浅长草区中打球与在球道上打球相比，由于草比较长，球杆受到的阻力较大，所以难以打出正常距离。这种观念实际上是错误的，事实上，如果在挥杆击球过程中没有意外发生的话，在相同条件下使用相同球杆从长草区打的球，可能要比从球道上打出的球更远些。这是因为，在打长草区中的球时，击球瞬间球杆杆面与球之间有草叶相隔，使球的后旋运动减小，从而使球在飞行过程中受到的阻力也相对减小，而且落地后滚动的距离也有所增加。出于上述原因，在选择球杆时，应该根据距离选择较短的球杆。

站姿可以采用直角站姿，球的位置位于左足踵前方线稍右侧瞄球时使球杆杆面稍微张开，人为地增大杆面的倾角，以利于减小草的抵抗力，并使球的飞行弹道升高。挥杆时，采用稍呈砸击式的挥杆，即上挥杆和下挥杆时两臂和球杆的上下运动较为明显，后摆杆动作较小，挥杆轨迹不是通常的圆形，而是椭圆形，击球时两手手腕的用力大于通常挥杆时的力量。

3）深长草区中的短打。当球陷入深长草区时，由于草的方向不同，所以球的弹道和球的滚动距离也会有所不同。如果在平时这样的距离用七号铁杆，那么陷入长草区的球应该用短两号的球杆，即九号铁杆来击球。理由是球在长草区，它的滚动距离会加大，后旋减少，而且杆面角度较大的球杆比较容易劈草。

球位于站位的中央，即较左足踵前方线稍偏右。上挥杆时采用直挥式挥杆，必须采用砸击式打法。挥杆动作要紧凑而有节奏，击球过程短粗清晰，击球后一定不要停顿，使杆头流畅地进入顺势动作。握杆一定要用力握紧。

4）深长草区中的长打。球进入长草区后，首先应该考虑的是如何使球先从长草区中"脱困"。因此，必须对具体情况进行慎重分析，对球的位置状态，草的长度、硬度以及朝向性等信息进行综合分析，当确认确实有进行长打的可能性并能将球打得更远，才可以采用长打。

选择球杆应以杆面倾角较大的球杆为主，采用右奔式站姿，球的位置在左足踵前方线稍右侧，挥杆采用直挥式，用近似于直上直下的上挥杆和下挥杆进行砸击式击球，以尽量减少草对球杆杆面的阻抗作用。即使如此，由于草的阻力总是不可避免的，在击到球之前还是会对杆头和杆面的方向产生影响，所以，握杆时要较通常握得更紧，特别是左手的中指、无名指和小指要握紧球杆。

4. 沙坑区实战技术与策略

身体对准目标左侧呈开放站姿，身体大部分重量放在左脚，双脚左右交替辗入沙坑，稳固站位。球位在双脚中间偏右，杆面打开瞄准目标。稍微握短球杆，瞄准球后方 2.5～5 厘米的沙子打。挥杆过程类似打高吊球，上杆时尽量早地弯曲手腕，挥杆平面较陡直，下杆时以从外到内路径挥杆，将球和沙一起抛上果岭。

长距离沙坑球：若沙坑距离球洞区远，且沙坑的前缘很高，加上球位于沙面上，确实难以对付。选好球杆，是长距离沙坑球的战术之一。首先要确保球足够的起飞角以越过沙坑的前缘，否则，即使质量再高的击球，也会被沙坑缘挡回来，将造成相当大的距离的损失。基本上与全挥杆相同，配合更稳固的下半身站姿，球位在双脚的中央，干净地将球击出。

5. 不同气候条件下的实战技术与策略

全天候的运动，是高尔夫球运动的一大特点。除非你的运气很好，住在四季如春的好地方，不然绝对有机会在坏天气进行比赛。除了风雨之外，也有可能在冬天进行比赛。打球自然会受到气候条件影响，但利用特定的方法，适当调整策略，照样能在恶劣环境下充分发挥球技。

（1）冬季

推杆：冬天线路和夏天线路截然不同。在冬天果岭不会剪得很短，所以速度会比较慢，所以要采用更扎实的击球方式。也正因为这个原因，果岭坡度变化比较小。所以在冬季推杆必须比夏天更用力，同时球线的转折会比较小。

挥杆：在冬天，尽可能用角度较大的木杆取代长铁杆，长铁杆的容错性比较小，在地面不太理想的状态下，很难做出扎实的击球。因此，比较适合使用角度较大的木杆，这主要是因为杆头的形状和设计。

短杆：冬天气候寒冷，空气干燥，果岭会变得比较坚硬。短杆打上去的球很容易弹跳，不便于停球。因此，在进攻果岭时要确保球的落点不会离旗杆太近，预留适当的距离来让球滚动。

除此之外，冬季打球还应注意以下事项：①做好热身运动。冬季练球前，充分的热身运动极为重要，尤其注意容易受伤的背部和腰部及腕、髋、膝等各个关节。②由于天气寒冷，球杆、球等变硬，所以冬季练球不应过于注重距离，而应在动作上多下功夫，找球感。③保养球杆。最好不要把球包留在室外或汽车后备箱里过夜，室外低温令球杆握把的橡胶变硬，不仅打球时震手，球杆也容易老化损坏。练习场一般都提供免费的存包服务。④选择既保温又利落的服装。穿着太臃肿，不利于体会挥杆动作，练习一段时间后容易出汗，可能导致着凉生病。

（2）雨季

雨季打球，球员的球技发挥往往不正常，达不到原来的水平。这是因为，雨天影响了打球的速度，并影响击球的准确性，连平时的弹跳距离都难以掌握，如果球不幸进了沙坑，沙中的含水量，会影响球员的判断。

雨天打球也是有技巧的。第一，把球梯提高，瞄球时让球杆杆头和球的距离稍微拉远一些。这样可以防止当球杆杆头和球的距离过近时杆头打到球的下方，而导致球飞得过高。第二，用劈起杆增加球的滚动距离。因为下雨天果岭被淋湿后摩擦力会减小，所以球落在果岭上以后，滚动的距离会比平时短，因此用劈起杆或者是高切球能弥补这一缺陷。第三，用短铁杆，雨天打球最大的损失是距离上的损失。所以这时选用长铁杆对于力气不够的球员来说，不如用短铁杆。第四，还有很重要的一点是，要经常擦拭球杆和手套，以避免挥杆时受雨水的影响造成滑动。

（3）大风天气

进行高尔夫球运动会遇到各种各样的天气状况，其中大风天气是对球手技术的重大考验。

侧风是最难应对的情况，它会形成阻力，大大减少飞行距离。但如果削球或者曲线击球，它又会增大击球效果。因此学会利用风是非常重要的。如果想让球轻轻落地，如落在果岭上，应尽量在侧风中打曲线球；如果想要打得更远或者想要球滚动着陆，应顺风向打出曲线球。

尽管在逆风中打球需要一些特殊的技巧，但这并非难以攻克。球员要记住这一最基本的原则：在风中，即便实现了完美击球，高飞球也会像气球一样飘荡。应用短铁杆和特殊铁杆打低飞球；用较长的球杆击出远距离球；放松挥杆。